芈月式宫廷传奇

兰泊宁 / 著

图书在版编目（CIP）数据

芈月式宫廷传奇 / 兰泊宁著. -- 北京：新世界出版社，2016.8
ISBN 978-7-5104-5892-7

Ⅰ.①芈… Ⅱ.①兰… Ⅲ.①芈月－传记 Ⅳ.①K827=31

中国版本图书馆 CIP 数据核字 (2016) 第 175222 号

芈月式宫廷传奇

作　　者：兰泊宁
策划编辑：张铁成
责任编辑：佟　盟
责任印制：李一鸣　黄厚清
出版发行：新世界出版社
社　　址：北京西城区百万庄大街 24 号（100037）
发 行 部：（010）6899 5968　（010）6899 8733（传真）
总 编 室：（010）6899 5424　（010）6832 6679（传真）
http://www.nwp.cn
http://www.nwp.com.cn
版 权 部：+8610 6899 6306
版权部电子信箱：nwpcd@sina.com
印　　刷：三河市南阳印刷有限公司
经　　销：新华书店
开　　本：880mm*1230 mm　1/32
字　　数：170 千字　　印张：8
版　　次：2016 年 8 月第 1 版　2016 年 8 月第 1 次印刷
书　　号：978-7-5104-5892-7
定　　价：32.00 元

版权所有，侵权必究
凡购本社图书，如有缺页、倒页、脱页等印装错误，可随时退换。
客服电话：（010）6899 8638

穿越古今，还原历史真相

纵览宫廷，探索女权政治

目录

第一章 芈月：彪悍的人生，绝艳的身姿 …… 001

第二章 吕雉：一代妖后 …… 035

第三章 卫子夫：从灰姑娘走到女神 …… 083

第四章 王昭君：那一场华丽的复仇 …… 123

第五章 张嫣：她以贤淑成就了一代帝王 …… 155

第六章 明妃谈允贤：她就是杭皇后 …… 171

第七章 柳如是：充满正能量的风尘女子 …… 197

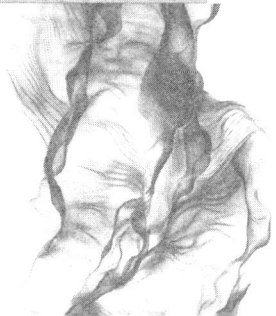

第一章

芈月：彪悍的人生，绝艳的身姿

楚国霸星现，天下变。

秦宫佳人，命舛多罹难。芳华尽，浮生短，秦城风雨依旧。

梅花落，初识别少年骑竹马，再见已是白头翁。

世上清愁千万斛，怎无一点上眉端。

狐媚情迷真君子，美色折磨狂少年。

三逃三避不见老，一朝缘分拴两人。

山中就有痴情树，缠缠绕绕死相随。

由来缘分前生定，何必楚楚苦用心。

莺花犹怕春光老，岂可教人枉度春。

相逢不饮空归去，洞口桃花也笑人。

要用何等样的深情，

才能说出："美人角色乃妖物，偏偏就有痴妖人。"

楚国公主：我生之初风雨路

在电视剧《芈月传》之前，我想大家更熟悉的是秦始皇，而不是他的高祖母"芈八子"，也就是秦宣太后。但实际上，她的名字并不叫"芈八子"。秦国后宫分八级：王后、夫人、美人、良人、八子、七子、长使、少使。芈月作为秦始皇高祖父秦惠文王的一个低阶妃子，得了"八子"这个位次比较低的封号。一直到秦惠文王死前，她的封号还是"八子"，所以后世称其为"芈八子"。

我曾将芈八子纳入过类似女皇武则天或慈禧太后那样的女性行列，因为她们同样是为达目的不择手段，同样是命运坎坷又怀有野心，一生都活跃在前朝后宫，一生都在施展政治抱负。是的，这些被后人称为女政治家的传奇女人，又有哪一个是凡俗之辈！但芈月明显与那两位不同的是，她自幼被孤立，感情被稀释，习惯了站在尘外看风景，目光尖刻。

在人生之初，芈月就走上了一条风雨之路。一步一步，连她自己都搞不清楚，怎么就成了秦王的"八子"，又是如何被推上了大秦那个至高无上的位置。如果，这就是所谓的命运，我们宁愿相信，是芈月父王身后的朝野，给予了她蓬勃生长的沃土，是她曾在楚宫的历练，还有后来秦王的引导，才让她逐

第一章 芈月：彪悍的人生，绝艳的身姿

渐修炼成了百毒不侵的女王。

在《史记·秦本纪第五》以及《史记·穰侯列传》中曾有这样的记载：昭王母故号为芈八子，及昭王即位，芈八子号为宣太后。虽然这个还没出世就被定论为霸星的女娃，在她的青春岁月里，还不曾显露她的任何手段和霸气，但是后来，芈八子终于展现出了前所未有的野心和豪气。原来，人间所有的得失，所有的聚散，恍若梦幻，她不就是一个把万花筒捅破了的人，漫天纸屑，映衬出她的绝色芳华。

时光是那么静，静得仿佛凝固，不见光影，不见前尘来世。夜晚是那么黑，黑得仿佛停滞，不见温暖，不见红尘的风韵。楚国，霸星芈月出世了，作为一个不得宠的公主，所有人都不认为她会有一番大的作为。但后来，芈月作为中国第一位垂帘听政的女人，又改变了很多人对她的看法，"太后"这一称谓就是始于她。最厉害的是，秦宣太后以秦王外藩姬妾的身份，统治秦国四十余年，虽然最后被儿子夺回了权力，但威风犹在，继续在王宫里豢养男宠不说，临了还想把心爱的男宠带去阴间殉葬，对此，不但儿子不敢说一个"不"字，大臣们也只敢以委婉的路数劝解。这位太后的一生充满戏剧性，行事之不羁、手段之高明，可谓独步古今，史籍中所载的种种有关她的史迹，更令人瞠目结舌。比武则天、慈禧活得更精彩痛快，可谓是妇女性解放的先锋。

早在母亲向氏椒室待孕的时候，楚王商就因此而产生了巨大的恐惧和不安。人到中年的楚王商，虽然后宫嫔妃甚多，但是无时不在的孤独感，时常叫他心生悲苦，嫡子太子槐自幼就

让他宠爱不起来，更别说其他子嗣了。向氏的突然怀孕，让楚王商再燃希望，他盼望向氏能生下个小王子，也算了却了他一些心事。后宫这个是非之地，自然最不缺的就是各种心机，楚王宫的女人们在开始左争右斗，凄绝的声音划破了长空，死亡的气息开始糜烂。后宫之主如果选择去对付一个婴儿，最简单的办法，就是在娘胎里痛下杀手。所以，楚王后开始了天衣无缝的密谋，她选中了女医挚来做这把刀。向氏遭人三番五次施以狠手，好在有莒姬异常警惕，一方面将向氏照顾得无微不至，另一方面也做好了迎接婴孩出生的准备。楚王宫中，如秋后的荷塘，枯枝残叶一片，却也有鲜红的莲，当月起，薄薄的青雾浮起在荷塘里，光与影和着共同的旋律，划出一道道凝碧的波痕。美好的人性在污烂中开出美丽的花。

西楼冷月，夜半清音，良辰美景，回眸处，已不再有美影悬浮。结果是让人遗憾的，向氏产下的是一个公主，却不是公子。这个结果，令前朝后宫那些所有心怀希望和所有心生邪念的人们，倍感出乎意料。随即，"霸星降世"的预言，硬生生将芈月推上了风口浪尖。

在凄风苦雨笼罩的楚王后宫，有人在黑暗中吟唱，箫声如魔音贯耳，伴以泣不成声。不怀好意的楚王后却欣喜若狂，她一心认为是女医挚的神秘巫术显灵，才偷换了向氏腹中孩子的性别。而这个庶出的小公主，襁褓之中，就遭到了如此的辱没。而对于向氏，伤痛如毒液吞噬着五脏六腑，未来得及惊诧，已是惊心动魄。

不想，几年后，楚王商竟然对小女儿芈月另眼相看。小芈月在母亲向氏，还有莒姬的精心养育之下，得以茁壮成长，成为楚宫里出类拔萃的公主。楚王商,这个文武双全的英明君主,终是在芈月出生后,以唐昧的"霸星"之说,重新点燃了新的希望。在这个乖巧公主身上,他甚至越来越觉得那个预言的奇妙,虽然他膝下子嗣无数,但是能够让他动了栽培之心的,只有芈月这一个。千娇百媚,空灵流转,在此生的最美时光,演绎了一场风华绝代的流年盛况。然而,她终究是要离开父王,随风雨而去的。楚王宫殿,无尔何欢。

当年,有眼无珠的愚臣唐昧,让楚王商险些成了昏君。然而,楚王商终究不是那样的人,在屈原的劝谏之下,他毅然放弃了对芈月、芈戎姐弟的偏爱,还是将王位传给了太子槐。让人不敢想象的是,如果楚王商果真给了芈月辅政的机会,历史又将会如何改写那个浩然正气的楚威王。

芈八子：美人既醉，朱颜酡些

芈月给人的感觉总是"美人既醉，朱颜酡些。嫭光眇视，目曾波些。被文服纤，丽而不奇些。长发曼鬋，艳陆离些"（屈原《招魂》）。芈月很得惠文王的宠爱，除了她人格方面必有可爱之处，姿色必定也颇为不错，可是惠文王在世时，芈月却始终居于人下，位列八子。这里面肯定是有原因的。秦楚之间联姻甚多，推测她应该不是献女就是媵女的身份，而非联姻时的主要婚姻对象。"媵"的范围很广，从广义上来说，所有的陪嫁人员都可以称之为"媵"，如媵侍、媵从等。狭义上来说，就是新娘的"备份"。当时的婚姻并不只是男女双方的事，往小了说是两个家族的联姻，往大了说就是两个国家之间的联盟，所谓"合二姓之好，上以事宗庙而下以继后世"。所以春秋战国时期，诸侯之间联姻互嫁王室女子，男方娶进门的可能不是一个女人，而是一群女人，这些女人可能是新娘的姐妹、堂姐妹，以及同宗甚至同姓的女子。而身份最高的那位贵女不一定就能够生出儿子来，但只要她的媵女中有人生下儿子，那么她这个族群在这场联姻中就有了继承人，联盟就此稳固下来。

那时，她感到生命是悬空的，飘摇似风筝。而他是矗立在旷野的一棵大树，让她终于有了安定稳妥之感。燃燃红烛，盈

第一章 芈月：彪悍的人生，绝艳的身姿

盈杯盏，他的目光温柔，他的言辞充满深情深切，她的心，被一点一点地撩拨起来，愈来愈有暖意，尽管她，表情还是淡淡的。岁月消磨，她才缓缓惊觉，那一方的热力，只是飘浮在外面，而他的心，始终冰凉。任秦王宫如何天花乱坠，姿彩缤纷，也掩不住那缕缕冷漠，以及无处不在的心机争斗。那些难敌宿命的女人们，让她不寒而栗，不得不脱胎换骨。

在惠文王执政期间，秦国开始真正走上一统天下的道路。秦国自秦襄公拥立周平王东迁洛邑获得诸侯身份，到秦穆公称霸以后，再也没有出现过像样的国君，直到秦孝公重用商鞅开始实行变法。而惠文王恰是商鞅变法之后，在秦国称"王"的第一位国君。东边，他打败魏国，尽夺魏国河西之地。从此，秦国以黄河、函谷关为界，取得了战略优势：进，可步步蚕食东方各国；退，可退守函谷关。从此，六国诸侯再也没有一兵一卒进入函谷关。换言之，秦国可以出去打别人，别人根本没有能力攻击秦国本土。南边，他全面平定汉中和蜀地，"擅巴蜀之饶"，秦国从此有了一个稳定的粮仓。战略上，他破坏东方各国的合纵，用了一个张仪，就把楚怀王耍得跟活猴子一样。

可以说，虽贵为惠文王宠姬，但在惠文王生前，芈月始终是个小小的八子，历史并没有给她任何表现机会，哪怕小小表现一下的机会也没有。雨纷纷，前世梦断，半生浮沉，如烟花易冷，留下的只有一个个年轮。芈月的心是寂寞的，她总是感觉自己还是一个人，执一盏孤灯，痛将心伤，遁入繁华是非地，望断桃花蔽宫门，终日无君临。

华丽转身 改写命运

主政二十七年后,惠文王死了,太子嬴荡继位,是为秦武王。秦惠文王后是一个厉害角色,等秦惠文王一死,她就和儿子秦武王合谋,将芈月的宝贝儿子嬴稷,送到燕国去当了人质。这是芈月人生的蛰伏期。

芈月母子二人的命运一下子跌到了谷底,按当时的情况来看,这辈子应该没什么指望了。眼看芈月母子的人生将要黯淡收场,事情却来了个大转弯,使得他们其后的人生道路充满了阳光。

秦武王力气很大,善能举鼎,因此在国中广招力士,封为高官,大力士任鄙、乌获、孟说三人因此而得荣宠。

这年八月,一心要树立秦国威风的秦武王率大军抵达洛阳。在周王室的太庙里,他看到了代表周王室统治天下的九州宝鼎,并在孟说的提议下,决定以举鼎的方式向周王室示威。

众所周知,在他之后的西楚霸王"力拔山兮",终以悲剧收场,而秦武王"力举鼎兮"的下场更是惨得立竿见影。好逞凶斗狠的秦武王不曾想竟被大鼎压住,胫骨立即被砸断,几天之后一命归西。无处发泄悲伤和愤怒的秦惠文后,把酒后闯下滔天大祸的孟说灭族。

第一章 芈月：彪悍的人生，绝艳的身姿

秦武王之死，一直被视作鲁莽草率不成器之举，好好的大王不当，偏偏去举重，结果把自己给砸死了。但事情并不这么简单，所谓九鼎，是王权的象征，秦人早有觊觎周室和九鼎的野心，《战国策》开卷第一句便是"秦临兴师周而求九鼎"。最终周室君臣不得已借助齐国和楚国的力量，才打消了秦人的图谋。张仪亦曾向秦惠文王献计，让秦军先取韩国宜阳，再以此为跳板，控制东西二周和周天子，以据九鼎，挟天子建霸主之业。但由于当时秦惠文王为巩固后方，采纳了司马错之言集中兵力先灭蜀，就暂搁此事。而秦人这一思路，必然也影响到了秦武王。他曾对丞相甘茂说："寡人欲车通三川，以窥周室，而寡人死不朽乎。"甘茂自然明白他言下之意，依照张仪原来的计划，攻下宜阳，令周都洛阳门户洞开。

秦武王亲率大军直奔洛阳，提出要观看九鼎，周王不得已带他至太庙观九鼎。秦武王便命任鄙、孟说等三人举鼎，实则想借此达到据九鼎，挟天子而令诸侯的目的。但不晓得为什么，平时能够力举千斤的这几个大力士在关键时刻竟然都不能举鼎，秦武王脸上下不来，竟一时意气用事，亲自去举鼎。结果很惨，举鼎不成，反被大鼎砸伤。

秦武王单纯地以为只要兵临洛阳，拉走九鼎，就可以挟制天下。但他不明白，九鼎只是一个权力的象征，它是指王权，而不是仅仅只是九只举重器。要知道洛阳是韩国的地盘，如果兵临城下拉走九鼎，就可以称霸诸侯，那么韩国几百年来随时都可以拿走九鼎，但韩国却并没有这么做。春秋战国数百年来，从楚庄王到秦惠文王，无数有野心的君王都曾经想得到九鼎，但各国最终都只是试探行动，并没有实际执行，更不会像秦武

王这样直奔目的地扛起就走这般粗暴简单。

在自身条件不成熟的情况下,去挑战既定的规则,并重建自己的新规则,必会引来天下人群起而攻之。所以,秦武王的死亡,或许出于偶然,但他的图谋会失败,则一定是必然的。

秦武王在位仅四年,膝下无子,他的死留下了巨大的权力真空:王位只能由他的弟弟继承。由于秦惠文王的儿子众多,秦惠文王后和短命鬼秦武王的嫡妻武王后婆媳俩共谋,打算拥立公子壮为王。顿时,秦国内乱爆发。最后的结果是:

武王取魏女为后,无子。立异母弟,是为昭襄王。昭襄母楚人,姓芈氏,号宣太后。武王死时,昭襄王为质于燕,燕人送归,得立。——《史记·秦本纪》

人质嬴稷成了国君秦昭襄王。芈月也终于华丽转身,由丑小鸭蜕变为白天鹅,成为"宣太后"。

此前的芈月如古镜蒙尘,任手拭去半面清冷,终不见传说的绚丽纷呈。她转身,容回忆斑驳前尘,累积情深。拾一曲古筝,落在那座枯城,原来缘分不过人事易分。暮霭沉沉,故里花开又几更?春风酝染归程,琴声铮铮,谁来与芈月再等,细数流年光痕,任十里红妆谢婉恨。情缘一生,错过了谁的良辰,芈月,安谧若素。

物是人非,且看浮云一轮又一轮,带回芈月的凌厉,如山一程又水一程,终改写命运。

平乱：彪悍的人生拉开帷幕

秦武王举鼎送命的这年，正是公元前307年。就在这一年，芈月在燕国为人质的儿子嬴稷由燕赵两国出面护送回了秦国。不要以为燕赵两国安的什么好心，他们只想惹得秦国内乱而已。于是，为了争夺王位，嬴稷同兄弟们，也就是秦惠文王所生的其他十几个儿子，开始了一场血流成河的大内战，史称"季君之乱"。这内战一打就是三年，商鞅之法无人遵守了，经济农业发展也停顿了，军事力量也全部用来自己人打自己人了。

在诸位王子长达三年的动乱背后，必然有着其他六国的势力在幕后进行操纵。王子们的角力，很大程度上，反映的是各国势力在秦国的较量。打到最后，原本已强大的秦国，而那些原来已经臣服于秦国的国家和部族，纷纷开始翻脸：原在秦惠文王时代收服的巴蜀之国，趁机搞起叛乱；在北方的戎族义渠本已向秦国称臣，此时也再次翻脸称王，抢了秦国在北边的许多城池。其他六国更是没客气，直接插手内斗者有之，支持失意的王子争位者亦有之。按照当时战国七雄的情势来看，根本没有人想到秦国会统一中国，因为当时秦国的力量并不强大，虽然商鞅变法以后，秦国也占了一些地盘，但基本上都是靠张仪利用合纵连横之术，也就是连哄带骗弄来的，真正的硬战并不算多。

而当时七国中，实力最强大的是楚国和赵国。楚国是因为楚威王灭了吴越，所以楚国的面积在各国中最大；而赵国则是因为赵武灵王通过胡服骑射改革军队以后，军事力量成为诸国最强。落井下石的事都不用人教，看秦国乱了，楚国也没闲着，立刻派兵在边境驻守，扬言要收回当初被秦惠文王连骗带抢占去的上乘之地。赵国更狠，此时赵国是赵武灵王在位，就直接跟燕国合谋，把押在燕国当人质的王子嬴稷押过来送回秦国，并扬言要秦国必须立他们看中的嬴稷为王。赵武灵王这么干不止一回了，那时候燕国在位的燕昭王，就是赵武灵王和秦惠文王趁着燕国内乱，联手拥立的。自然，这场拥立之战中，赵国好处多多，所以赵武灵王有理由再来一回。但是，如果赵武灵王知道拥立嬴稷会给赵国带来何等血腥的灭顶之灾，一定会后悔得撞墙吐血。

天上不会自己掉馅饼，那么拥立嬴稷建立傀儡政权，那是谁在背后发挥了重要作用呢？当然是蛰伏了很久的芈月！而且芈月同母异父的弟弟魏冉也起了极大的作用。《史记·穰侯列传》中的穰侯指的就是魏冉。芈月之母的生活经历比较"丰富"，给她生了两个弟弟，一个姓芈叫戎，另一个姓魏叫冉。这俩弟弟，不是一个姓，换言之，即不是同一个父亲。

在这些年的争斗中，魏冉一步步慢慢掌握了一支军队。当嬴稷回到秦国争位时，早有准备的魏冉立刻带兵把秦惠文王留下的非芈月所生的十多个争位的王子包括公子壮，统统杀光，而秦惠文王的原配王后，也一起被杀，武王后也被赶回了娘家

第一章 芈月：彪悍的人生，绝艳的身姿

魏国。至此，秦后宫的争斗宣告结束。想当年，三个女人一台戏，自从芈姝、芈月嫁入秦宫与魏琰正面开战，秦国宫斗进入白热化。除了"秦宫三巨头"之外，后宫一大帮姐妹团也都争先恐后加入战场。不过呢，宫斗需要的是真本事、好眼力和顽强的意志，有一技之长当然好，能心思缜密也不错，实在不行屡败屡战给人添堵也算是一项技能。

这其中芈月自然是战斗力最强的，她是在什么位置干什么事。众所周知，芈月从一个楚国庶出的公主、王后的陪嫁媵女，到最终成为称霸六国的大秦铁血太后，这样的人生简直就像是开了挂，励志程度秒杀老火鸡汤。所以要论运势和综合战斗力，没人能比得过她。

从芈月这里，我们可以看出，就算是天生霸星，也得有真本事加持才成。相比其他嫔妃，芈月除了美貌人见人爱之外，她的优势还包括清醒、远见、懂得取舍以及有大局观。她能看清楚自己的位置，知道该做什么不该做什么。芈姝有好几次想要做一些冲动的蠢事，都是芈月站出来阻止。如此，芈月政治家的气质已经是呼之欲出了。

芈月也是整个秦后宫中唯一能跟得上秦王思想和步伐的，当别的嫔妃都在争奇斗艳逛花园斗心眼的时候，她在整理书卷、跟秦王探讨文字和度量衡，所以从格局和眼界上，她基本上已是不战而胜。而在爱情的抉择上，芈月也是真和初恋情人分手了。黄歇一脸痴汉相地等着她私奔，结果她却爽约，虽然芈月让黄歇的心都碎成了饺子馅儿，但对于芈月来说这个取舍其实相当明智，毕竟物是人非，多少人的经验证明，初恋只堪回味。

再后来，她对待情感，着眼点就已经不是儿女情长，而是家国天下了。

嬴稷成为新一任秦王，史上称作秦昭襄王，也作秦昭王。他登基后的第一件事就是封母亲芈月为太后，从此拉开了芈月彪悍的人生帷幕。

秦宣太后也成了历史上的第一位王太后。宋代高承在《事物纪原·卷一》记载道："《史记·秦本纪》曰：昭王母芈氏，号宣太后。王母于是始以为称。故范雎说秦王有独闻太后之语。其后赵孝成王新立，亦有太后用事之说。是太后之号，自秦昭王始也。汉袭秦故号，皇帝故亦尊母曰皇太后也。"太后之称，是从芈月开始的——"太后之号，自秦昭王始也。"

同时，芈月也开启了后妃掌政的先河。宋代陈师道在《后山集·卷二二》中云："母后临政，自秦宣太后始也。"芈月以太后身份统治秦国长达三十六年（也有说是四十一年的）之久，而且大大发展了国力，"东益地，弱诸侯，尝称帝于天下，天下皆西向稽首"（《史记·穰侯列传》）。

芈月以太后身份主政的理由是当时秦昭王年少。

芈月以魏冉为将军，魏冉的将军之称是秦国首开将军之职，也算是芈月的一个创举。

同时，芈月还以樗里疾为相，由此形成了芈氏一族独揽大权的政治格局，秦国原来重用客卿制的传统被打破。秦国尚武，而武功最盛大的时期之一，就是芈月掌政的三十六年。芈月独具胆识、临危不乱，以强硬的政治手段维护了朝政的稳定。

当月朦朦，芈月回首过往，空留多少笑语欢声？青苔铺满

第一章 芈月：彪悍的人生，绝艳的身姿

小径，尚残存一点余温，芈月拾级而上，踏碎过往虚空。随时光漫溯，如缓步默认，携一卷花香坠满身。千年来，芈月终是恍若轻烟的女子，是是非非，人生自是长恨，当那厥苍凉阅尽不老秋色时，墨色凝成人生的静候，心底里的爱终究不会沉沦。

纵横捭阖的政坛女汉子

　　芈月在三十岁上下时,以其成熟之美,更显得仪态万方。秦国在芈月长时间的领导下,扩张国土,逮谁打谁,切切实实地过了把超级大国的瘾。芈月能够且在复杂的政坛上纵横捭阖几十年堪称是一个具有高深政治素养有雄才大略的女汉子。

　　芈月绝艳的身姿,看似弱不禁风,却蕴含着雷霆万钧的政治力量。芈月为了巩固幼子的王位,她用了最直接有效的方法:联姻。她让儿子迎娶楚国的公主为王后,同时也将秦女嫁与楚国。与此同时,执掌了大权的芈月开始任用自己的亲信。不用说,亲信都是芈月的娘家人。在楚怀王的推荐下,芈月让母亲的族人向寿担任秦国的宰相。同时为相并控制兵权的,还有力保外甥为王居功至伟的魏冉。据《类聚》记载,魏冉被封侯于穰地(今河南邓县),所以亦称穰侯,后来又加上陶邑(山东定陶)。穰侯举荐白起担任将军,白起为秦国打败了韩、魏、楚三国,攻取魏国在黄河南边的属地,获得大大小小共六十余座城池。武安侯白起这位降世的杀星,几乎为秦国屠尽了赵国的男人。当长平一战结束之后,赵国君臣肯定为自己当年护送嬴稷归国并帮助魏冉、芈月夺权的举动悔青了肠子。

　　芈月的另一位弟弟芈戎,被封华阳君,封地先是在陕西高陵,又改封新城君，封地在今的河南密县。

至于芈月的另两个儿子：公子市封为泾阳君，封地在今陕西泾阳，后来又换了一块封地是宛（河南南阳）；公子悝封为高陵君，封地在陕西高陵，后来又换封地为邓（河南郾城）。

从这"四贵"的封地增加可以看得出来，芈月专权时期，为秦国扩张了大量地盘。穰、宛、邓三地，是公元前301年和公元前291年分别从韩国那里得来的，而新城则是公元前300年从楚国掠来的。山东定陶更不用说，本来是齐国的。

从秦昭王的角度来说，母亲和舅舅们把持朝政，没有把自己看在眼里，滋味确实不好受，但从秦国的大局出来角度来看，芈月、魏冉姐弟，却是立下了大功的。

蛇蝎一枚：密谋杀情人

芈月执政后，起用魏冉和芈戎以及母族中人向寿，掌握了军政大权。穰侯因功高而专权独断，出入宫廷，与芈月幽会，成为她重要的情人之一。魏冉权倾一时，飞扬跋扈，以致国人只知有穰侯而不知有秦王。芈月虽然私生活上确实是任性到爆，但其实，芈月找情人是颇有原则的，这原则即是利国、利家、利己、利民。清理了内忧以后，她开始对付外患。

首先是居于秦国西北的少数民族义渠，义渠本是游牧民族匈奴的一支，在频繁的文化交流下，义渠人逐渐改变了"逐水草而居"、吃饭基本靠天的落后的生活方式，学会了"筑城郭以自守"。早在惠文王在世时，义渠就已归附秦国。但义渠的存在，使得秦国一直以来不敢东进，因为秦国每次对其他国家一开战，义渠就会在背后趁火打劫。秦国要想无后顾之忧，就必须先除去义渠。

到了秦宣太后芈月执政时，义渠的国力已经相当强盛。因刚继位的秦昭襄王年幼无能，而戎狄国正军力强盛，义渠虎视眈眈地注视着秦国，甚至明目张胆地侵扰边民，蚕食边土，成为秦国的心腹大患。

昭王即位后，义渠王亲自前来祝贺，以探秦国的虚实。芈月见前来朝贡的西北部戎狄国王义渠年轻力壮、桀骜不驯，便暗作打算了。

她计划使用美人计。年轻守寡的宣太后芈月利用会见招待义渠王的机会，不断地对他进行大胆挑逗，甚至不惜宽衣解带，主动献身献媚。义渠王亦毫不客气，在她的销魂帐中耀武扬威，他以为霸占了她就能霸占整个秦国。芈月对他的这个想法自然心知肚明，便更是对义渠王施以媚态，只要他稍微心不在焉，她就红杏出墙、招蜂惹蝶，令其心无旁骛。结果义渠王终于把持不住，坠入了情网。二人长期以夫妻的形式居住在秦国的甘泉宫中，芈月还为义渠王生了两个儿子。义渠王成了芈月的情夫，戾气大减，叛乱的心思也就少了。如此一来，芈月的色诱成功了。

秦人从少数民族那里学习了彪悍的战斗作风，同时源源不断地将西北良马运进了秦国，增强了秦国的军事力量。而在后来的秦国与六国的战争中，尤其是战神白起对楚国的战争中，秦国的精工兵弩和骑兵队伍，起到了关键性的作用。

戎狄所处位置在秦国的长城外，乃是秦国举足轻重的大后方。正因为芈月牺牲色相，笼络住了义渠王长达三十年之久，才使得秦国能够毫无后顾之忧，腾出手来增强国势，并且在诸侯国之间的征战中，屡有斩获。

以出卖色相换得国家的安定与和平应是芈月的主要目的，但绝对不是所有，否则就无法解释为什么她甘愿"牺牲"几十年，甚至给义渠王生了两个大胖小子。实际上，芈月这样做可谓是一举两得，既满足了自己旺盛的生理需要，又使秦国没了后顾之忧，当然除了给自己的儿子昭王带来一些羞耻以外，其他可谓是皆大欢喜。

芈月在这种既无奈又情愿的情感之中，载沉载浮，独自消耗着自己珍贵藏匿的心。或许，清醒是一种悲凉，默然相看，秦国众生，无不寄托了她的一份情感，但终因距离太远，底色灰白，民间的活泼生动，稍显暗淡。

当芈月一个人时，内心深处的寂寞与孤单，便流露出来，她，只是无奈地用漠然来抵挡罢了。世人的不解与指责，她从不屑于争辩。与自己的梦相逢，着锦繁华，都不曾随时间褪色，虽然在她心中剩下的，是无言的苍凉。极目江山千里恨，依然着泪看黄花。芈月的内心世界，只有她自己明了。

三十年后，秦国俨然已成为诸侯国间的老大，国势强壮，已经不用畏惧戎狄的威胁了。而在这些年中，芈月也在慢慢地一步步蚕食着义渠的内部，等到时机成熟时，芈月决定诱杀义渠王，此举确实狠毒了。

公元前272年的一天，芈月将情夫诱到甘泉宫去"幽会"。就在这一天，蓄谋已久的芈月狠下心肠，就在温柔乡中突然发难，将与自己缠绵了三十年的情夫义渠王杀掉，并立即派兵突袭义渠，灭了这个秦国后方最后一个敌人戎狄，将陇西、北地、上郡据而有之，如此一来，今甘肃宁夏一带原属义渠王的领地和兵马统统收归囊中。从此，秦国不再有西部边陲的后顾之忧，进而为芈月的玄孙嬴政能够放手一搏并成为始皇帝奠定了重要基础。

秦宣太后芈月的一生可谓波澜壮阔，她把没有资格参加会盟的弱小秦国，变成虎踞六国之上的强国。史学界对这位"女政治家"在秦国历史上的作用评价颇高，著名历史学家马非百曾这样评价秦宣太后："宣太后以母后之尊的地位，牺牲色相与义渠王私通，然后设计将之杀害，一举灭亡了秦国的西部大患义渠，使秦国可以一心东向，再无后顾之忧。她的功劳不逊于张仪、司马错攻取巴蜀。"《史记》中也是这样真实记载的。

  无以推测，芈月此时的心境究竟如何？毕竟她与义渠王夫妻多年，并生下两个儿子，要说完全没有感情，应是不可能的。但是她毕竟不是一个只为感情而活的女人，而义渠王身为草原之王，自然也不可能绝对单纯。芈月吸引义渠王的优点，可能是她从楚到秦，身上所具有的只有数百年王朝才能留下的文化才识和绮丽奢华。而义渠王又为什么会失去警惕，或者应该从他的草原思维来考虑。草原部族的习俗，是一个部落的头领死后，另一个部落的头领娶了他的遗孀，接收他的子嗣和部族，从此将对方整个部族进行合并。对于义渠王来说，秦王死了，他娶了秦王的遗孀，接收了秦王的儿子为自己的儿子，就等于完成了对秦国的合并。只是他没想到，秦国不是他的，它仍然属于秦惠文王的儿子嬴稷。已经完成文明进化的国度，只有父死子继，而不是草原式的强者为王。草原思维真是害死人。

  自古以来，人们认为秦国脱颖而出，一统六国的重要原因之一是没有后顾之忧，可以集中精力对付山东诸国。而这种优势正是芈月施展美人计，利用身体换来的重要成果。而对其中之甘苦，只有关键人物芈月，自己品味了。

攻坚克难　建功立业

芈月最让世人瞠目的,并不是她杀情夫夺地盘,而是她论政风格之自由奔放的程度。在她执政后不久,就遇上一件事,这件事在《战国策·韩策二》上也有记载。当时楚国亦是大国,自与秦国结盟后,便开始对其他国家进行征伐,首先受到攻击的是韩国所属之雍氏。雍氏被围城达五个月之久,韩国多次派人向秦国求援,所谓"冠盖相望",就是前一批去秦国的使臣马车还没回来,后一批使臣的马车就已经出发了,两批人马在路上都可以互相看到对方的车盖。但秦师就是不肯出崤山而入韩。

韩国认为芈月年轻守寡,为了增加游说的力度,便派出著名的美男子尚靳出使秦国。尚靳不但长得很帅,还擅长辩辞,他先说:"韩之于秦也,居为禁闭,出为雁行。今韩已病矣,秦师不下崤。臣闻之,唇亡者其齿寒,愿大王之熟记之。"就是说韩国相当于秦国的门户,出去打仗也如排列整齐的雁阵,如今韩国有难,秦国如果不相助的话,就等于唇亡齿寒,希望秦国尽快出兵。

芈月听了这话眼前一亮,认为韩国派了这么多使臣来,只有这位"尚子"说话还有点儿意思,于是便接见了尚靳。双方见面后,尚靳提出了希望秦国尽早救援韩国的要求,芈月并没

第一章 芈月：彪悍的人生，绝艳的身姿

有直接回答，而是针对尚靳说的"唇亡齿寒"的故事，向他讲了一个同样与身体有关的故事。

"妾事先王也，先王以其髀加妾之身，妾困不支也，尽置其身妾之上，而妾弗重也，何也？以其少有利焉。今佐韩，兵不众、粮不多，则不足以救韩。夫救韩之危，日费千金，独不可使妾少有利焉？"

——《战国策·韩策》

以前我侍奉先王时，他如果只用腿压在我身上，我就觉得吃不消，但他全身压在我身上时，我却一点也不嫌重，为什么呢？因为那种姿势对我有利。

在这段话中，芈月先是用了一个惊世骇俗的比喻，然后话锋一转，说：现在你们韩国要我帮忙，如果兵少了，粮草不够，那是白折腾。但是真这样的话，我们秦国不但要花费大把银子，对我也没有利啊。

这秦宣太后芈月虽话糙但理不糙，揭示了国与国之间所谓的友情和道义，都比不上利益更重要。尚靳被驳得哑口无言，只得默默地回去复命。但芈月这些话都被惦记了两千年，直到清朝，还有学者王士祯痛心疾首，愤怒地写下："此等淫亵话，出于妇人之口，入于使者之耳，载于国史之笔，皆大奇！"（《池北偶谈》）可王士祯永远都登不上朝堂之高，你管她说的都是些什么呢，只要达到了利国利己之目的，就都是最好最管用的外交语。

芈月的肆无忌惮，是建立在她的功业、她的权威之上的。

之所以能掌控秦国四十年，芈月对周围事物和利害关系的敏锐直觉，是非同寻常的。公元前298年，芈月和秦昭王一起召见了赵国的使者。一番谈话之后，芈月认为使者绝非赵国的寻常臣子。秦昭王对母亲的话半信半疑，第二天便派人去馆驿再召使者入宫，谁知这位使者竟然在会谈之后就连夜返回赵国了，秦昭王打听之后才知道母亲所言非虚，这位使者居然是赵国的赵武灵王。因此，芈月虽然很不安分，每日寻欢作乐，但因她对国家有功，秦昭襄王对她的放纵，不仅理解，且予以支持。

芈月在军事上的表现也非同一般，她打败了魏韩赵等国，吞并了楚国大部分土地，利用燕齐矛盾削弱了齐国实力，最终形成了秦国一统天下的格局。那么，芈月是如何一步步推行她并吞六国计划的呢？

首先是楚国，芈月先是利用自己出身于此的旧情，与楚国建立了友好关系。此时楚国的统治者是楚怀王，此人在历史上，是出了名的最容易被忽悠者，屈原故事里的反面蠢角就是他。楚怀王之前已经上过秦国的当了，为什么还会在秦国邀请他入秦的时候，不顾屈原的阻止一股脑儿就去了？原来，楚怀王上一次中计，是在秦惠文王时代，被张仪所骗；而这一次中计，则是在宣太后时代。

在楚怀王眼中，如今执政秦国的太后是楚女，而秦王是楚女所生，且秦国和楚国不但结成了同盟，还结成双重亲家，秦国的公主嫁给楚怀王最宠爱的儿子子兰，楚国的公主嫁给嬴稷当王后。这几重亲戚联姻，自然是可靠的。他却不知道，在政治上越是亲戚联姻就越是不可靠。

秦楚联姻的事，激起了魏韩齐三国的联合抵制，他们将愤怒一齐对准了楚国，并联合起来伐楚。楚国不得已，以太子做人质，求助秦国发兵。

此时的秦国，已从季君之乱中走了出来，开始磨刀向诸侯了。楚太子入秦为质不久，就发生了楚太子与秦大夫斗殴事件，太子横竟然失手打死秦大夫，匆匆潜逃了。秦国遂以此为借口，联合韩魏齐三国一起攻楚。

楚国疲于奔命，不得已接受了秦国的条件，由楚怀王亲自入秦，重谈和议。楚怀王不顾昭雎、屈原等重臣的劝阻，满怀信心地去了秦国，结果一到秦国，就被芈月母子所扣押，逼着他割让楚国将近一半的土地。而楚太子横所谓的失手杀人，本身就是一个陷阱。直到此时，楚怀王才知道上了当，犯了牛脾气，死活不答应，结果被秦国关了起来，不久就很悲惨地死在了秦国。

就在楚怀王被扣押楚国无主的空当，芈月派弟弟芈戎和舅舅向寿带兵攻打楚国，楚国被打了个猝不及防，接连失利。在芈月起用了天杀星白起以后，楚国就更惨了，白起一直打到楚国的国都郢都，杀了个血流成河，直逼得战国七雄中的大国楚国，一再迁都，迁到变成一个小小的弱国。而著名的诗人屈原因劝谏楚怀王不成，在看到楚都被灭时，绝望地投江自尽。

芈月执政最大的特点，就是打仗，她可谓是秦国历史上最能打硬仗的统治者。在秦始皇统一六国之前的硬战，大多都是在芈月执政时期打的。早期芈月起用的是她的舅舅向寿和弟弟魏冉、芈戎，这其中最能打仗的是魏冉。后来魏冉在军队中发现了军事天才白起，向芈月做了推荐，芈月力排众议，大胆地起用了白起这个天杀星，于是，六国哭泣的日子到了。

芈月共执政了三十六年，也有说是四十一年，但由于男权社会的视角问题，这个时期被称为昭襄王中前期。而这个时期，恰恰是秦国大败六国，成为强国的时期。

从一系列的战争中，历数各国是如何被秦国打败的，就可以看出芈月在这四十余年中的作为。由向寿、魏冉、芈戎、白起这些芈月的嫡系将领带兵，先后攻陷赵、楚、韩、燕、齐、魏六国将近两百余个城池，杀死六国军队一百多万人，仅白起就杀死韩魏联兵四十多万人，杀死赵国军队四十多万人。天杀星白起之所以能够所向披靡，除了他自身的军事天才和芈月的破格重用之外，更重要的是，白起的杀手锏就是千里奔袭的骑兵战术，而当时其他六国却是以步兵为主的阵营，只有少量的马车作为指挥。而白起之所以能够训练出骑兵来，不可缺少的条件就是芈月以嫁给义渠王为条件，吞并了义渠，西北少数民族的骑兵之术和源源不断的战马，成就了白起不败战神的美名，也成就了秦国打垮六国、一统天下的万世帝业之基础。当芈月统治期结束以后，秦国一统六国，其实只是时间问题，因为六国已再无能力与之作战了。

还政：明智退隐

秦昭王能与芈月召见赵使，可见他并不是傀儡，倒更像是芈月的学徒，时常也能独立决定国家大事。不过毕竟姜是老的辣，那时的昭王所做的一些决定，水准着实不太高。比如中国历史上最机智、最有趣的成语典故——鸡鸣狗盗的诞生，就全拜他一连串轻率的决定所赐。所幸，那时的秦昭王虽然年轻草率，但身边有母亲舅舅相助，秦国的国势仍然如日中天。

然物极必反，事情也有不利的一面，掌权时间久了，芈月的弟弟们开始把"国家"看成是"家国"了。尤其是穰侯魏冉，虽然是一员猛将屡屡带兵作战，攻城略地一向身先士卒，立下赫赫战功，但是掌权带兵的时间久了，他便变得目空一切，不但在朝堂之上打击异己，而且还把国家当成自己的钱库。比如说，他把秦国征战得来的土地陶邑、刚邑、寿邑都划到了自己的封地之中，这其中陶邑乃是当时最富庶的地方，而刚、寿二地则是魏冉作为心目中保障陶邑安全的缓冲区而无辜被攻下的。由此可见一个人的私欲，却要老百姓付出多大的代价。

在魏冉等"四贵"在秦国呼风唤雨为所欲为了三十多年后，一个名叫范雎的人，从魏国狼狈投奔秦国而来。

范雎在来秦国之前，晦气星照命，他在出使齐国时得罪了正牌使者须贾,被一状告到魏相魏齐那里。结果被痛打一顿,打得昏死过去,被当成死尸丢进茅房,后多亏被一个小吏一泡尿浇醒。范雎才恢复了神志,他哀求这小吏救自己的命。小吏心软了,便向魏齐说:"死人在茅厕里碍手碍脚,不如把那具死尸从茅厕拖出,丢到野外去吧。"魏齐答应了。

范雎这才逃出升天。这时的他已被打得腿折肋断牙齿脱,好不容易才爬回家。挨了这一场狠揍之后,他从此装死,以张禄之名存活下来。谁也没有想到,这个晦气的范某人,却是将要终结秦国穰侯魏冉锦绣生涯的人物。老天的安排就是这样莫测,往往都会把大人物的人生交代在不起眼的角色身上。

公元前271年,范雎时来运转的机会到了:这年秦昭王派王稽出使魏国,来到了魏都。范雎的挚友郑安平,当初曾经救助过范雎,深知范雎留在魏国的危险性之大。此时郑安平听说秦使来到,认为这是范雎的好机会,便应聘做馆驿的仆役,找机会接近王稽。郑安平果然得到了机会,便向王稽推荐"贤士张禄"。

趁着夜色,郑安平将范雎悄悄带进馆驿,王稽面见之下,顿时对范雎的才识和胆气十分佩服,于是定下计策,悄悄地将范、郑二人都带回了秦国。就这样,范雎不但逃出升天,而且从此踏上青云路。

范雎到秦国之后,苦等了两年,终于等到合适的时机,使秦昭王单独召见了自己。在逐渐得到了秦昭王的信任之后,范雎抛出了第二招,向昭王上了一道奏章,建议他改"近交远攻"为"远交近攻",即:改睦邻友好为与远邦交好,而首先攻克邻国,既巩固实力，又逐步推进，最终达到攻克远邦，甚至一统天下的目的。

秦昭王对这项战略十分推崇，立即拜范雎为客卿，并且将这一战略视作秦国的国策。果然"远交近攻"其效如神，秦国国势愈发强盛。此时秦昭王已视范雎为神人，进一步在内政上事事询问他的意见。

范雎便再一次提出"强干弱枝"的观点，建议秦王削弱诸侯列贵的权势，巩固中央集权。并向秦昭王进言道："臣居山东时，闻齐只有孟尝君，不闻有齐王；闻秦有太后穰侯，而不闻有秦王……然则权安得不倾？令安得从王出乎……今穰侯内仗太后之势，外窃大王之重，用兵则诸侯震恐，解甲则列国感恩，广置耳目，布王左右，恐千岁万岁后，有秦国者，非王之子孙也！"

秦昭王一听，顿时如醍醐灌顶，醒悟过来。于是，他免去了穰侯魏冉的相位，将他厚加赏赐，送回了封邑，转而将相位授予了范雎。而另外"三贵"也一样办理。与此同时，他以年老孝养为由，让母亲宣太后归居宫中，不再过问政事。虽然出于政治因素才退休，但是芈月这时也确实老了。假定她三十岁成为太后，这时已掌权四十一年，至少也七十出头了。而且经常患病，所以回到宫宇中颐养天年，也是不错的选择。

这一场政变，看似是因范雎游说，而改变了政治格局，但是很明显，"国人只知有太后、穰侯，而不知有大王"的情景，已经存在了四十多年，昭襄王又不是傻子，岂有不知。纵然昭襄王是傻子，这么多年来，天下游说秦国的策士多如过江之鲫，岂会没有人看出这一点，没有人指出这一点？昭襄王做了一辈子听话儿子，他若是想当"有权威的大王"，又岂会到了自己白发苍苍时才因听了一句策士之言就跳起来！

无他，只因时候未到而已。

在此之前，不管谁看出来、说出来，都无法撼动老太太的权力，都无法令昭襄王下定决心去和自己的母亲站在对立面。只有到了和老太太比赛最终时间的时候，只有到了昭襄王怕死后继位之人不是自己亲生儿子的时候，才会采取行动。

范雎，只是在对的时间，说了对的话而已。

以芈月的明智，以芈月的顾全大局，她的还政与退隐是必然的。

身后事：震惊世人兵马俑

凭栏听雨声，听那历史翻滚，埋葬了花季最后的缤纷，是时光把年华，渐旋渐冷，直到与芈月的生命脱落。心是天上月，盘踞阴晴圆缺。人是念语珠，横亘离殇别恨。芈月安然在梦与烟云深处，静站成一姿苇影，倒映于几千年后的影视与笔墨中。

回到后宫的芈月，虽然不再过问朝政，但是仍然过着随心所欲的日子。她在朝堂掌政的时候，曾有过许多的情夫，而最后一位，也是最出名的一位，名叫**魏丑夫**。现在太后归入后宫，魏丑夫当然也随侍在侧。秦昭王四十二年，七十多岁的芈月病倒了。老太太躺在病床上，自知时日无多，想着心爱的小情郎，觉得意犹未尽，很有点儿不甘心的意思。想来想去，芈月传下懿旨："为我葬，必以魏子殉。"将来安葬我的时候，一定要让魏公子殉葬。

魏丑夫万万想不到居然会有这等事，不禁栗栗股战，忧愁得坐卧不宁。大臣庸芮听说此事，便向魏丑夫拍胸脯保证能让他逃过一劫。于是庸芮便去求见太后，一番"您老一定健康长寿"的例行问候之后，开始切入正题："听说您要让魏公子为您殉葬？如果人死后无知，那么您岂不是白白牺牲了心上人的性命？假如人死后有知，那么先王（秦惠文王）这几十年来，在地底下怒火已经积得够多的了，太后您去了阴世，补过还来不及，哪还有机会跟魏丑夫寻欢作乐？万一让先大王看见了这个小白脸，岂不是更要惹出大麻烦来？先大王可更是要大打出手啦！"

芈月感觉这话确实有道理，不禁也考虑小白脸的心思，转而放在自己身后安全考虑方面，应道："善！你说得很有道理，就照你说的办。"于是，芈月这才打消了把小情郎带去黄泉的主意。

在生命的末路，芈月看着窗外，花季过了，撒下漫漫嫣红，牵曳着她不愿搁浅的生命，伤痛随时光流溢，这样的一生，那份伤与痛，只有她自己知道，怎能覆之以流水，幻化成镜花水月？过多未及，本是如此。

秦昭王四十二年（前265）十月，这个曾经的风云人物，在经历了众多的起起伏伏之后终于平静地闭上了眼睛。这个开创了女人执政先河的伟大女人，死后葬于芷阳骊山（今陕西省西安市临潼区骊山）。据说，秦昭王孝心可嘉，为母亲造了大批真人大小的泥俑，搞了一个大型车马队伍，以大规模的兵马俑为宣太后芈月做了陪葬，堪称震惊世人之举。

第一章 芈月：彪悍的人生，绝艳的身姿

独步古今 震撼人心

这就是秦宣太后芈月，中国历史上非常富有传奇色彩的铁腕女政治家。她和武则天、吕后、慈禧都十分相像。她们都是在丈夫还在的时候就开始参与朝政，她们不仅是丈夫的帮手，也是合伙人。她们能力超强，成为了太后，掌控大权，善于治国。尽管她们带着身前无限的荣耀和权力走了，可她们却在男权社会里将女人做到了极致。芈月这位具有政治手腕、且意志坚强的女人也是命运成就了她传奇的一生。在芈月执政期间，她把秦国从七雄之一，打造成了一个独霸大国，为将来的一统天下打下了基础。她平定了长达三年的季君之乱，重用秦惠文王之弟樗里疾为相，重推商鞅之法，使得秦国内部安定下来；她重新收复了巴蜀之地，派李冰入蜀治理，并建成了举世闻名的都江堰；她杀了义渠王，侵吞了义渠之地，从此秦国东进无忧，并得到大量马匹装备和骑兵，为秦国屡战屡胜奠定了基础。

她的一生，充满杀机，充满战斗力，充满了不可思议，身为楚女杀楚王；身为秦惠王妾而杀尽秦惠王诸子；嫁于义渠王而灭义渠；得赵国之助而坑杀赵国数十万人，一生做出种种肆无忌惮的逆天行为，但她为秦一统天下所做的贡献，是无可抹

杀的。当时正是春秋战国时期，各国纷乱，最后由秦国一统了天下。但是秦国为什么能够从战国七雄势均力敌的局面中一跃而成为一统天下的秦帝国，这中间起了最关键作用的人是谁？有人说，是变法的商鞅，也有人说，是秦始皇。但是，商鞅变法之后，也只能把秦国带上战国七雄的位置，而秦始皇继位的时候，秦国已经是战国第一大国，其他各国根本已经不能够与之相敌。这个关键人物只能是芈月，是她令秦国成为当世最强国，而为秦国一统天下制造了可能。

在季节的氤氲里，独守一川烟雨，风雨过，婉约成缱绻相交的耳语，是谁，倾力打破这命运的局？只为还原那一刹的瑰丽。芈月，于万千繁华经过，是非功过早已尘埃落定，她一袭素衣，独立尘外，等着心上人，期许一场盛世缤纷的相遇。然而，世事缭乱，梦尽处，仍是参不透悟不懂的前世今生。

芈月，以彪悍的人生，以绝艳的身姿，独步古今，震撼人心。

参考书：

《史记》：上海古籍出版社，2011年12月1日出版，中国史学要籍丛书，四卷本，司马迁著；裴骃，司马贞，张守节注

《战国策》：中华书局出版，上下两卷本，2012年8月1日出版，中华经典名著全本全注全译丛书

第二章

吕雉：一代妖后

　　四季轮回，繁华洗尽，转瞬即凉。
　　那一年，她谈婚论嫁，与他缘定三生。
　　怎奈爱如昙花，转瞬即逝，乱红飞过。
　　他把爱情给了更年轻的女子，任她的思念散开，
　　　　氤氲在风里，呜咽成一片海。
　　她惊讶地发现，自己的爱如昙花，只能凄美地绽放在那一夜。
　　　　她想知道，相濡以沫的曾经，
　　已在他的脑海里荡然无存了吗？但他根本不会给出答案。
　　　　他的冷漠，讽刺了她的温存，负却了他们的爱情。
　　　　　　她就是吕雉，他就是刘邦。

遇人不淑

秦始皇统一中国的那一年,品行放荡的刘邦已经三十六岁了,尚未婚配。

吕雉出生在单父县一个善于看相的吕姓人家。其父吕公,《相经》上记载他姓吕名文,字叔平。吕公善相人,属于士的阶层,门第比刘邦要高贵。单父县,秦时属砀郡。单父与沛县相邻接,两座县城相距不到二百里。刘季(刘邦小名)所在的丰邑在两县之间,离单父县只有几十里地。

吕雉的童年是在单父县度过的。大约在公元前221年,吕公为躲避仇家,从单父迁居沛县。沛县县令是吕公的好朋友。他想要娶吕公漂亮的女儿吕雉为妻,但吕公不肯。沛县县令为了讨好吕公,就处处敬重他,还为吕公举行大宴,让沛县的地方绅士和官衙执事都去拜贺。主吏萧何是这次宴会的主持人,且负责登记收纳礼钱。

刘邦得知消息后,也大摇大摆地前来赴宴,可是他两手空空,没带一文贺礼钱。萧何知道刘邦一贯不拘礼节,没备礼物,不想让他到堂上去丢脸,就高声地向大家宣布说:"贺礼不足千钱者,须堂下坐!"刘邦一见是萧何收礼,又听得"须堂下坐"的声音,他不肯输面子,就决定奉上贺礼一万钱,只不过先向萧何赊账。吕公接过礼单,见刘邦的贺礼为一万钱,十分惊讶,心想这么重的礼,不但亲自出去迎接,还让刘邦坐了上座。刘邦也不客气,便昂首挺胸地入了上席。

吕公仔细打量了一番,只见这刘邦生得方盘大脸,高鼻梁,美须髯,相貌堂堂,器宇轩昂。刘邦任泗水亭长,官比芝麻小,一年的俸禄一千还不到,贺钱一万显然是在吹牛。但他脸皮极厚,气度洒脱,大有空手套白狼的政治家潜质,这引起了吕公的注意。萧何还以为吕公是敬重刘邦那一万礼钱,便说:"刘季专爱说大话,怕是不能兑现。"吕公却毫不在意,他心里另有打算。

筵席快要散了,吕公使了个眼色把刘邦留了下来。他对刘邦说:"不知你娶亲了没有?今年贵庚几何?"刘邦回答说:"家境贫寒,今年已三十七岁,尚未娶亲。"吕公说:"太巧了,我二女儿还待字闺中,如不嫌弃,我想把她许配与你,哪怕是嫁给你做个'箕帚妾'(意即拿扫帚扫地的)也行。"刘邦当时真是喜出望外,本来贺礼就没花一文,送了一万钱的空头人情,不过是为了赚顿酒饭吃,反倒白白赚了个媳妇,而且吕公是有头有脸的人物,家境殷实,他真是做梦都要笑醒了。

刘邦当下拜谢了岳丈,定了迎亲的日子,便告辞回去了。

刘邦走后,吕公把订婚之事对妻子说了,他的夫人十分恼怒。原来,吕公有两男三女。两男是吕泽、吕释之;三女是吕长姁、吕雉、吕嬃。在这兄妹五人中,吕公认为吕雉最有福相,生得又最漂亮,爱之如掌上明珠,不肯轻易许人,连沛县县令求亲他都拒绝了。现在他却将她许给了不务正业、好说大话的刘邦,年龄还大吕雉十多岁,好似一朵鲜花插在牛粪上。吕夫人虽不同意，但还是拗不过丈夫，只好同意把爱女吕雉嫁给刘邦。而吕雉是个乖顺女儿，一贯听父亲的话，便毫无怨言地就嫁给了比她大十五岁的刘邦。

刘邦虽然没有娶亲，却早与一家曹姓的姑娘姘居。吕雉门庭高贵，又生得如花似玉，刘邦结了这门体面的亲事，自然就把吕雉立为正夫人，曹家姑娘成了小妾。后曹夫人生了一子名为刘肥，其虽为长子，在刘邦成就大业后，因庶出不得立为太子，便被封了齐王。

那时候，吕雉青春年少，质朴清纯，勤劳善良。结婚之后，刘邦还是一副不务正业的德行，三天两头地不见人影，家庭的担子全落在吕雉身上。吕雉任劳任怨，每天日出而作日落而息，织布耕田，劈柴烧饭，担水洗衣，把家事打理得井井有条。对于刘邦的非婚生儿子刘肥，吕雉也是一个好继母，她对这孩子给予了极大的包容。

婚后第二年，吕雉生下一个女儿，史书上没有记下名字，但其长大后嫁给赵王张耳之子张敖为妻，被尊为鲁元公主。隔了几年，吕雉又生下一个儿子，取名刘盈，即为后来的汉惠帝。

刘邦在沛县泗水亭做亭长，时常外出公干，或追拿逃犯盗贼，或押送役夫犯人。有一次刘邦到薛郡去抓逃犯，薛郡治鲁县，即今山东曲阜，离沛县有数百里之遥。刘邦发觉这种不安定的生活，不便将家小安置在沛县城，于是就把吕雉送到老家丰邑镇与父母刘太公、刘老太一起生活。

刘太公夫妇一生以田间劳动为业，生活并不富裕。千金小姐吕雉到了这样的农家，也一样要到田间去劳动，但她也没有怨言,从事农桑针织,孝顺父母及养育儿女。后因为刘老太去世得早,每到田间劳动时,吕雉就把儿女带在身边,让他们在田间玩耍。

这一大家子,虽然暂时没有发迹的征兆,但在吕雉的勤俭操持之下,和睦且温饱,倒也其乐融融。这个时候,初为人母的吕雉已经体现出她那坚强干练的性格。

颠沛流离

刘邦率众起义后,吕雉为夫所累,被官府关进大牢。

监狱非善地,吕雉在里面处境非常凄惨,经常遭到狱卒的打骂。好在刘邦有一个朋友任敖是沛县监狱的狱吏,得知吕雉被虐待,一气之下就把欺负她的狱卒暴打一顿,从此大大改善了吕雉在监狱里的待遇。吕雉知恩图报,对任敖极为敬重,以至于后来她当权的时候,把任敖一下子提拔为御史大夫——相当于副丞相的职位。

秦朝将亡,起义斗争遍地开花,刘邦的势力也逐渐壮大。在萧何、曹参等人的响应下,刘邦率众攻入沛县,杀死县令,救出了吕雉。

此时刘邦被拥立为沛公,吕雉也就成了吕夫人。不过破镜重圆的煽情戏并没有上演,好色的刘邦这些年来东奔西跑,不知道见过多少花花草草,早就对结发妻子没了兴趣。何况这时候战事正忙,刘邦很快就跑去投奔陈胜的起义部队了。吕雉没有随丈夫一起去,因为她对带兵一窍不通,而且也顾家,不喜欢辗转颠簸。就这样,刘邦继续拓展他的霸业,而吕雉则留下来专心照顾一家老小。一时间,这位坚强的主妇表现得极为低调、隐忍。

第二章 吕雉：一代妖后

公元前206年（汉元年），刘邦攻入咸阳，被立为汉王，吕雉便成了王妃。不过吕雉的富贵路才刚刚开始，区区一个汉王，根本不能满足刘邦的野心。刘邦冒死与昔日的同盟项羽决裂，要与项羽争夺整个天下！

吕雉在嫁给刘邦后，日子虽然清贫，但她能够下地耕种，养家育儿，说明她对生活有很强的适应能力。从刘邦的起义经过来看，吕雉佐助刘邦成就事业，胆气豪壮，堪称巾帼英雄。

三载人质生涯

公元前205年（汉二年），刘邦从彭城败退西逃，在成皋筑起了一道防线，借地利才挡住了项羽的推进。从公元前205年到公元前203年，两军对峙的前后三年间，吕雉一直在项羽军中做人质。

公元前204年，刘邦和项羽在荥阳对峙。当时，吕公已死在楚营中。项羽就把吕雉和刘太公装在囚车里，推到两军阵前。项羽还在阵地上挖下大坑，埋上一口大锅，威胁刘邦，若不退兵就将二人烹杀。古代下油锅的刑罚，叫烹刑。

刘邦不吃这一套，竟然嬉皮笑脸地对项羽说："咱俩曾经结拜，我爹就是你爹，你把咱爹烹了，我还要分一杯羹。"

吾翁即若翁，必欲烹而翁，则幸分我一杯羹。
——《史记·项羽本纪》

项羽气得暴跳如雷，真的要烹刘太公，但被项伯劝住了。如果真的烹了刘太公，吕雉能躲得过去吗？绝对不可能躲过去！这场危机由于项伯说了一番杀刘太公没有任何作用，只能使两家的仇结得更深之类的话而化解，项羽才得以平息了怒气。刘太公也得以躲过一劫，吕雉也因此躲过一劫。

刘邦此举，究竟是对结发妻子生命的漠视，还是真的笃定项羽不敢杀死吕雉？如今已经很难考证。但当时的吕雉，必定是心寒如冰，伤心欲绝。

吕雉一面为自己的大难不死而庆幸，一面也为丈夫的绝情绝义而感到心寒。虽然她与刘邦分别多年，但作为杰出的起义首领，刘邦做过的事情已天下皆知。吕雉如此的聪明，自然已经看透了刘邦的禀性：贪财好色，浪荡薄情，缺乏家庭责任心。对这种人付出真正的爱情，与肉包子打狗无异。而待在楚营这段时间，她发现霸王项羽其实是个真正的男子汉，慷慨重义，还同情弱者。于是，她有了投靠项羽的想法。

吕雉小心翼翼地去试探项羽，结果却令她大失所望：项羽对虞姬很专情，根本没把她当回事儿。吕雉感到既难堪又绝望，看到项羽和虞姬甜蜜恩爱的样子，再想想自己这个不靠谱的丈夫，心里很难过。但这么多年来，她不是一直忍耐着劳苦、屈辱与辛酸吗？但她并未有所抱怨。一方面她吃得起苦，也沉得住气；另一方面，她早就看透这荒唐的婚姻，于是吕雉狠下心决定，和刘邦不必谈感情，互利足矣！他贪心，不见得是坏事，等他吞下整个江山，吕家不也跟着发达了吗？而现在的俘虏生涯，何尝不是自己的政治资本？于是，吕雉有了新的目标，她的算盘又偏向了刘邦一边。

吕雉在这三年的囚徒生活中，过着担惊受怕的日子。幸亏在鸿门宴上，刘邦结识了项羽的叔父项伯，并结为兄弟，又许下儿女婚姻，吕雉成了项伯的亲家母。所以吕雉时常得到项伯的保护最终才幸免于难。只可惜，厚道的项伯不懂政治，在刘邦的欺诳下不知不觉做了汉军的内奸，项王的一半天下就败在项伯的手里。

经过这三年囚徒生活的痛苦磨炼，吕雉变得更加刚毅和顽强，且能屈能伸了。

公元前203年，楚汉签订"以鸿沟为界，中分天下"的停战协议，项羽将刘邦的父亲和妻子吕雉送还给刘邦，刘邦也撤了兵。但在老婆和父亲安全回来之后，刘邦立即撕毁和约，掉过头来追杀项羽，暂且不表。

历经磨难的吕雉回到汉营，发现丈夫有了很多年轻貌美的新欢，其中一位能歌善舞的戚夫人最为得宠，她还为刘邦生了个儿子，名唤如意。虽然早料到丈夫行止风流，吕雉还是难免伤心吃醋。再后来，刘邦继续征战，身边带的也是戚夫人。吕雉已年届三十，虽风韵犹存，但只能作为留守，这样一来，与刘邦就更加疏远了。吕雉只好不断安慰自己：再忍一忍，等刘邦做了皇帝，她就是皇后，一人之下万人之上，这才是她的终极目标，也是她的追求。

在四年多的楚汉之争中，吕雉作为人质被囚在楚营之中有三年之久，受尽了折磨和凌辱，挣扎在生死边缘，她的心理也受到了严重打击，留下了多疑与缺乏安全感的后遗症。可能正是因为这些悲惨的遭遇，才造就了中国历史上一个心地狭隘、阴狠毒辣的吕后。

至楚、汉罢兵言和，以鸿沟为界平分天下，项羽将吕雉归还刘邦，这对吕雉来说，真是恍如隔世。回头想想，自己被项羽掳为人质，整整两年四个月的时间里，刘邦非但不设法营救，反而有了另外的女人，完全不顾老婆在替自己坐牢受苦，只想着在另一个女子的温柔乡里快活。果真是女人如衣服，想穿就穿，不穿就扔。

当丈夫的无情与现实摆在眼前，吕雉渐渐明白，要活下去，要活得更好，必须要掌控自己的命运。她再不要做那个单纯、贤惠的吕雉，她要做一个厉害、坚强、果敢、为自己而活的强势女人。在楚军囚徒的生涯中，虽然吕雉凭借坚毅的性格挺了过去，但非人的受虐生活也改变了吕雉的世界观、价值观和人生观，她的心灵从此开始扭曲。

皇后的痛苦

公元前202年八月间，刘邦在垓下一战，将项羽的军队全部歼灭，获得了最后胜利。而吕雉也终于在历尽艰险，费尽心机，受尽磨难后修成正果。公元前202年刘邦称帝，吕雉被封为皇后，成为中国历史上有记载的第一位皇后。

此时的吕雉心中半晴半阴，她梦寐以求的荣华富贵终于到手了，但皇帝却不把她这个皇后当回事，这是何其令人尴尬的局面。尤其是娇滴滴的戚夫人貌美如花，但同样的魅力已经随着岁月的流逝、苦难的折磨，渐渐远离了吕雉。身为女人，吕雉难免妒忌，但她冷静下来，心想这样也好，你要爱情，我要权力，你们缠绵，我来培植自己的势力。

楚汉相争时，刘邦在彭城败退后就立了六岁的儿子刘盈为太子，并命萧何为丞相辅佐太子留守关中，刘邦则统率大军在成皋作战。贪酒好色的刘邦并不因为战争而放弃他的行乐，他在成皋建了行宫，并四处搜罗美女，收为姬妾，其中有薄姬，生子刘恒，就是后来的汉文帝；有戚夫人，生子刘如意，被封为赵王；赵姬，生子淮南王刘长；诸姬，生子赵幽王刘友、赵恭王刘恢、燕灵王刘建。再加上惠帝刘盈，齐王刘肥，刘邦共有八个儿子。

第三章 吕雉：一代妖后

公元前200年，匈奴入侵中原，刘邦在与冒顿单于的大战中陷入重围，后使计侥幸脱险。此后，匈奴屡次违反合约，在边境地区滋扰生事。刘邦为了休养生息，恢复国力，决定采取"和亲"政策以缓解与匈奴的关系。彼时，鲁元公主已经许配给赵王张敖为妻，但刘邦改变主意，硬逼着鲁元公主退婚转嫁到匈奴去和亲。

吕雉闻讯后，如遭五雷轰顶一般，悲恸欲绝。她一面跑到刘邦面前，日夜哭泣哀求，一面加紧操办鲁元公主与张敖的婚事。最终，刘邦无奈之下只好罢休，改选一个宗室之女封为公主，嫁去匈奴和亲了事。

吕雉留住了女儿，刘邦却因为这事而迁怒于女婿张敖。他每次到赵国去，都要对张敖颐指气使、挑三拣四，把张敖当奴仆使唤。后来赵国的国相贯高涉嫌行刺刘邦，未遂，刘邦就借机牵连张敖，把他全家下了狱。吕雉又哭哭啼啼跑过去，苦苦哀求刘邦放了张敖，贯高也将责任大包大揽在自己身上，坚决不肯连累张敖。刘邦无计可施只好释放了张敖，把他由赵王贬为"宣平侯"。

接下来的一件事引起了吕雉的警觉：刘邦把赵王改封给了戚夫人的儿子——刘如意！吕雉不清楚戚夫人在此事中扮演了什么角色，但毫无疑问，戚夫人已对吕雉和她的子女构成了严重威胁。

诛戮功臣

吕雉虽被封为皇后,她的儿子刘盈被立为皇太子,但地位并不稳固。当时刘邦非常宠爱戚夫人,刘盈性格仁弱,并不讨刘邦喜欢,而戚夫人所生的儿子刘如意却聪明伶俐,颇得刘邦的欢心。为此,刘邦几次要废黜刘盈,改立刘如意为太子。

在废立太子的事情上,刘邦虽欲改立如意,但无奈众臣反对,也只得作罢。吕雉深感自己的地位并不牢固,但她为人颇有谋略,除了极力拉拢朝中大臣之外,还努力树立自己的威信。诛杀功臣韩信,便是吕雉提高自己威望的"巅峰之作"。吕雉被险恶环境磨炼了才能,她对于政敌的残酷无情,心狠手辣,使满朝文武深感震惊和恐惧。而在玩弄权术方面吕雉极有天赋,连刘邦都自愧不如。

韩信是辅助刘邦打天下的第一大功臣。可是由于韩信功高盖主,刘邦灭了项羽之后,第一个目标就是要剪除韩信。刘邦先是夺了他的兵权,把他从齐地徙到楚地,改封为楚王。韩信是楚地淮阴人。刘邦名义上是让他衣锦还乡,实际上是调韩信离开齐地,到一个生疏的地方。紧接着趁韩信在楚地立足未稳,刘邦用张良计,诈游云梦,在宴会上逮捕了韩信,贬为淮阴侯,软禁在长安。这使韩信十分颓丧，心中不免满怀怨愤。为此，他采取了消极反抗的方式，称病闭门不出。这样的软禁生活一过就是四年，渐渐地韩信开始对刘邦产生了失望、怨恨之情，最后，走向了谋反之路。

刘邦的另一个大将陈豨带着精兵驻防代地，防卫匈奴。韩信与其串通起来，要推倒刘邦。

公元前197年九月，陈豨在代地举兵造反。刘邦亲自领兵去征讨，出征前命韩信随军出征，韩信称病不从，气得刘邦直瞪眼睛。刘邦临行，嘱咐吕雉相机行事，除掉韩信。

刘邦出征后，韩信就与家臣等密谋，待刘邦到了代地趁陈豨拖住他的机会，就发难，把各官府的囚徒武装起来，杀进宫去，诛灭吕雉，占领长安。也活该韩信倒霉，他密谋起事，却因小事打杀了一个家臣，这个家臣的弟弟就去自首告发了。

吕雉正愁没有杀韩信的借口，因他功高且还未有谋反的把柄被抓住，这下机会来了。汉高帝十一年(公元前196)正月，吕雉同相国萧何合谋，布下圈套，让人诈称从前线归来，报告陈豨兵败身死，令群臣皆上朝祝贺。韩信听后，一阵恐慌，不知所措，推说身体不适不能上朝，吕雉就派相国萧何去请。韩信之所以能成为大将军，是相国萧何推荐的，他心里一直很感激相国萧何，因此无半点儿怀疑之心。

另外，韩信虽足智多谋，但他有一个最大的缺点，就是目空一切，连刘邦都不放在眼里。吕雉乃一介女流，他就更不放在心上了，但他万万没有想到，这吕雉虽是女流，手段却不让须眉。

韩信一进宫就被埋伏的武士擒获了，吕雉当场宣布他的罪状,并下令将他斩于长乐宫悬锤之室。韩信曾与刘邦有约:见天不杀,见地不杀,见铁器不杀。吕雉就将韩信用布兜起来,然后用竹签刺死,杀他个不见天,不见地,不见铁器,可见其手段之狠毒。

行刑前,吕雉得意扬扬地对韩信说:"韩信,你还想飞到天上去吗?"

韩信叹息说:"我是天下第一的堂堂男子汉,想不到竟死在一个妇人手里,这或许是天意吧!"

在这之后,吕雉又以谋反为名诛了韩信的三族。刘邦知道这件事后,并没有责怪吕雉,而是"且喜且怜之":最大一块心病被除掉了,皇后还替自己背了诛杀功臣的骂名,他当然不会生气责怪的。

朝中大臣见吕雉连韩信都敢杀,顿时心生畏惧。而吕雉初尝鲜血,胆子变得更大了,到诛杀梁王彭越时,吕雉的手段更显狠毒。

韩信、彭越、英布是汉初的三大名将,并称三雄。在刘邦得天下后,封彭越为梁王,都于山东定陶。

吕雉杀韩信,是在公元前196年正月。这时刘邦在代地已打败了陈豨。由于彭越称病没带兵到前线,刘邦借机诬陷彭越谋反,并派使臣把他逮捕起来。四月,刘邦从前线回到了洛阳,就把彭越废为庶人,并削职流放到蜀地的青衣(今四川临邛西南)。

恰好吕雉从长安到洛阳去迎接刘邦,在半路上的郑县(今陕西华县)碰上了彭越西去的囚车。吕雉装出一副十分关心的样子,问彭越是怎么回事。彭越便向吕雉陈述自己的冤情,并向吕雉求情,希望她能美言几句,让刘邦赦免他的罪,允许他回昌邑老家做一个平民百姓。

两位开国功臣淮阴侯韩信和梁王彭越,可谓是功高盖主,封地肥得流油,兵权更是大得令刘邦寝食难安。可以说,如果不削弱诸侯王的势力,刘邦的皇位就是名存实亡。吕雉虽和刘邦的感情不怎么深,却相当了解他的想法,知道他根本不想"论功行赏",他只想独霸天下。

所以,吕雉当即就满口应承,并对彭越说:"彭将军,你的功劳人尽皆知。你这次没伴驾,只是一点小过失,皇上一时在气头上才把你流放的,到现在,也早就消气了。你不必去四川,随我到洛阳,皇上准赦免你。"

彭越信以为真,就随吕雉到了洛阳。吕雉急忙去见刘邦,但她并没有为彭越求情,反倒添油加醋地诉说了彭越满肚子的委屈和怨愤有多么大。末了,吕雉对刘邦说:"陛下,彭越戎马功高,具有相当大的号召力,万一彭越复反,岂不是自遗祸患?不如杀之,以除后患!"

刘邦说:"可没有理由杀他啊?"

吕雉说:"这有何难,我已把彭越带回了洛阳,就让押送他的人打个报告,奏称彭越抗旨不去四川,继续谋反,把他灭了就是。"

刘邦觉得吕雉的话很有道理,于是将彭越交给吕雉全权处理。吕雉即刻威逼彭越舍人诬告他谋反。廷尉王恬开依照吕雉的指令,给彭越定了一个夷灭宗族的大罪,就这样为刘邦血洒疆场战功赫赫的彭越,仅做了六年诸侯王,最后因刘邦、吕雉一纸诏书,便含冤而死,且还被夷灭三族,满门抄斩。这还不算,彭越还被俎为醢,就是将他剁成一个个尸块,然后再碎成肉末,制成肉酱,封在罐子里,遍赐诸侯王食用,以警示天下。诸侯们不寒而栗,其中淮南王英布见到这样的肉酱,更是吓得惶惶不可终日,竟因此被逼反。

在诛杀功臣这件事上,刘邦和吕雉意见一致,互相利用。刘邦要独霸天下,吕雉则有两个考虑:第一,诸侯的势力少一些,吕氏家族就可以多一些扩张的空间;第二,她要用杀戮的方式给自己立威,让大臣们害怕,不敢反抗她的专权。此时,吕雉的残暴已经初见端倪。

吕雉杀韩信,诛彭越,逼反了英布,让刘邦在生前把功臣一网打尽,为自己日后掌权做了充分准备。吕雉这一系列的如意算盘都打响了,拨转了。司马迁写《吕后本纪》时,也不得不佩服,称吕雉"为人刚毅",说她"佐高祖定天下,所诛大臣多吕后力"。司马迁在写《秦始皇本纪》时,称秦始皇"刚毅戾深"。可见,在古代大史家的眼里笔下,吕雉也属于秦始皇之流的人物。

废立太子风波

以吕雉之手除掉韩信，刘邦自然大喜过望。但是，这也释放了一个危险的信号。为了阻止吕雉权力的进一步膨胀，防止她弄权，刘邦决定废掉太子刘盈。

刘邦总是带着戚夫人南征北讨，对她所生的儿子刘如意更是宠爱有加，他认为刘如意很像他，应为太子。而太子刘盈仁和，不讨刘邦喜欢。废立太子须和朝中大臣商议，刘邦在朝中提出后，结果遭到各大臣的坚决反对，认为刘盈被立为太子已有八年之久，如无罪被废，将大失人心，动摇国之根本。

当时吕雉也在东厢偷听大臣的争论，内心十分紧张、恐慌。这时，有人建议吕雉请教留侯张良。于是，她密使其兄建成侯吕泽劫持张良，逼其献计。

张良乃是一个足智多谋之士。他对吕泽说："皇上得天下以后，非常看重四位德高望重的高士——东园公、绮里季、夏黄公、甪里先生，称为商山四皓。皇上曾礼请他们出山，但他们鉴于皇上好谩骂侮辱儒士，不肯做皇上的臣子，逃入深山隐居不出。如果太子能请他们去太子府中做太子宾客，再让皇上亲眼看到，必定会有助于提高太子的声望，增加太子的筹码。"

吕泽回禀吕雉，她依计而行，让人带了太子的亲笔信，还有一份厚礼，这四位高士竟真的被太子请到了家里。

公元前192年，淮南王英布叛乱。当时刘邦正在生病，他决定派太子刘盈领兵去征讨，但刘盈从来没有领兵打过仗，实在难以胜任。这时，东园公等四位高士为太子献策，他们去见吕泽，说："太子将兵，有功不能增加他的权位，无功恐怕要影响太子地位。"吕泽觉得此话有理，立即去见吕雉。

吕雉当然替儿子着想，二话没说，依照四皓之计劝说刘邦。刘邦十分不悦但又无法，只好亲自带兵征讨。

从对诸王的态度上，无论是朝中大臣，还是戚夫人，都已经看到了吕雉凶狠的一面，所以戚夫人担心刘邦死后，吕雉不会放过自己和儿子赵王如意，于是就在刘邦面前一遍又一遍的哭诉，以致到达"日夜啼泣"之地步。

公元前195年，刘邦平定英布叛乱后回朝，又重新提议废立太子之事，众臣劝阻无效。太子由四皓随从上朝拜贺。

一日朝宴，刘邦看见太子身边有四位八十多岁的老人，在知其身份后，刘邦十分惊奇地说："我以前多次请你们，你们都不出山，一直逃避我，现在你们这四位德高望重的儒生，为何来跟随我的儿子呢？"

商山四皓说："陛下轻视儒士，又爱骂人我们坚决不愿受辱，所以躲起来了。现在太子仁孝恭敬，尊礼儒士，天下士子都引颈愿为太子所用。"

拜贺礼完成后，四皓随太子身后缓步离去。刘邦在殿上目送四人离开。特意召戚夫人前来，指给她看，说："我本想废太子，但太子有这四位高士辅佐，羽翼已成，现在难以撼动了啊。如果废了太子，不仅有可能生出宫闱之变，而且还有可能动摇大汉江山的根基。"

古代帝王姬妾嫔妃成群，子女众多，必须确立一个唯一合法的皇位继承人才不至于引起政局动荡。自西周以来就确立了"立嫡以长不以贤，立子以贵不以长"的嫡长继承制，这就是宗法制度。因为只有嫡长子才是无可争议的唯一王位继承人，所以大臣们都一致地保太子，吕雉从个人的立场出发自然也要保太子。所以叔孙通对刘邦说："太子天下之本，本一摇天下振动，奈何以天下为戏。"（《史记·叔孙通传》）

但话说回来，刘邦欲废太子刘盈而想改立戚夫人所生的儿子刘如意，根本不涉及宗法制度的问题。因为刘盈并无恶行，而刘如意也才是一个十来岁的小娃娃，并无贤能的表现。刘邦的担心主要有两点：一是怜爱少妻幼子，二是怕吕雉作为太后擅权乱政。且刘邦本人也实在不愿动摇国本，他相信大臣们会竭力保护刘氏政权，所以才想用更换太子的办法来避免他所担心的第二个问题发生。

张良正是看出了这一点，才献计让太子请商山四皓为宾友，以解除刘邦对太子的不放心。当刘邦看到功臣集团如此坚决地维护太子这一国本，他充满了希望，于是只把废立太子放在口头上，并不当真去实行。刘邦以此挟制功臣集团，与之订立白马盟约，与大臣约"非刘氏而王，天下共击之"。刘邦做了这些安排之后,决计不废太子,只能怏怏地牺牲戚夫人和赵王刘如意了。

一场废立太子的斗争,以吕雉的胜利而终止。

牝鸡司晨：大汉政权的女CEO

公元前195年的初夏，刘邦在半年前平定英布的叛乱时所受的箭伤愈发严重了，溃烂在胸前扩大。这时吕雉给他请来一位良医，说是安心静养，可以治好。刘邦心里明白，这都是安慰的话。他索性不治了："朕提三尺剑，在马背上取天下，从一个平民做到了皇帝，这难道不是天命吗？我的生命也是由天掌握的。现在上天在召唤我，就是神医扁鹊转世，也是无用的。你们还想瞒着我吗？"刘邦骂毕，命赏赐医生黄金五十斤，然后把他们都赶了出去。

此时，刘邦心里想的是如何安排身后之事。最叫他放心不下的仍是戚夫人和赵王刘如意，虽然初步安顿好了，但他对吕雉放心不下。刘邦和吕雉共同生活了二十多年，深知吕雉手段的毒辣，在铲除异姓王问题上，吕雉给刘邦帮了大忙，但若是她再用这一手来对付刘氏子孙，那后果不堪设想，得想一个良策。

而吕雉虽对刘邦废太子一事心怀芥蒂，但在事情安排上，她还是听命于刘邦的，所以在刘邦病重时，吕雉问道："陛下百年后，萧何萧相国如果死了，什么人能够接替他为相？"

刘邦回答说："曹参。"

吕雉再问:"曹参年纪也很大了,他死后什么人可用?"

"王陵可以为相。但他比较愚直,不能单独使用,必须用陈平辅佐。陈平智慧有余,厚重不足,难以独任,最好再把周勃也带上。周勃质朴老实,虽然没有文化,但安定刘氏的,必定是这个人。可用周勃为太尉。也就是说,曹参之后,需要王陵、陈平、周勃组成'集体领导'。"

吕雉还要再问,刘邦说:"再以后,不是你能管得了的。"

刘邦死后,吕雉比较坚决地贯彻了刘邦的"政治遗嘱"。相国曹参死后,吕雉便废去相国官职,特设左右二丞相,右丞相用了王陵,左丞相用了陈平,又用周勃为太尉。

和吕雉谈话之后,刘邦因忧心过重,病情急剧恶化。又挨过了十几天,刘邦想好了对策,下了最后的决心。为保住后代江山,刘邦挣扎着起来,带着文武大臣来到太庙,他宣布了三条方针:第一条,把他和吕后的对话中做的人事安排,做了公布;第二条,杀了一匹白马,与大臣们歃血为盟,发誓说:"非刘氏不得封王,非功臣不得封侯。违背盟约者,天下共讨之。"这就是政治咒语"白马盟约";第三条,刘邦说有人告樊哙谋反,即命陈平、周勃带诏书到燕国去,在军中将樊哙斩首;又命灌婴带重兵在荥阳屯守。

刘邦处理完这几件事后,退回后宫就慢慢闭上了眼睛。这一天是公元前195年旧历四月甲辰,即四月二十五日。

刘邦为人不守信用,他又怎能指望别人信守诺言?后来违背"白马盟约"的不是别人,正是他的皇后吕雉。

第二章 吕雉：一代妖后

刘邦死后，吕雉禁闭宫中，秘不发丧，并与辟阳侯审食其密谋说："与高帝一起打天下的功臣宿将，一个个北面为臣，怕是不听小皇帝的诏令，还不如把他们全都杀光。"

审食其说："这是一件非同小可的大事，从长计议。"审食其何许人也？他原是吕雉家的佣人，陪吕雉在项羽军中度过三年囚徒生活，情好口密，且与吕雉关系暧昧，所以吕雉有事就找审食其商量。

于是，在审食其的建议下，吕雉改变了主意，急忙发丧，诏告天下。

五月十七日丙寅，高帝葬于高陵，是日太子刘盈即位，史称惠帝，吕雉被尊为皇太后。年仅十七岁的惠帝颁大赦令，赐官爵一级，奖赏文武大臣各有差。

樊哙本是刘邦的一员爱将，在鸿门宴保过刘邦的驾，但樊哙是吕雉的妹夫，刘邦为绝吕雉的后党之援，于是下令陈平处死他。

陈平在办这桩差事上很是为难，怕万一刘邦后悔了怎么办？即使刘邦死了，吕雉翻了脸也是难交代。不过陈平有的是锦囊妙计。他和周勃只是把樊哙抓了起来。周勃代樊哙为将，结果，陈平押送樊哙回京。陈平的计谋是，我交与你刘邦自己去惩办。陈平还没到长安，刘邦就死了。吕雉咬牙切齿要替妹夫报仇，只等陈平回来就杀他。没想到陈平不慌不忙来到刘邦的灵堂，哭着奏事。陈平说："陛下，臣到军中调查，樊哙没有罪，我把他带回来了。不想陛下已离臣而去，叫我怎么交差？"陈平凄恻的诉奏，把自己开脱得干干净净，倒赢得了吕雉的信任。此后，吕媭多次进谗，欲害陈平，吕雉都没有听。吕后办事，能够有自己的主见，她成为大汉政权的CEO，也就在情理之中了。

悲惨的母子

废立太子事件失败后,刘邦立刻意识到了戚夫人母子处境的危险。事实上,刘邦早就将刘如意调到远离京城长安的地方,封为赵王。此外,他还派大将周昌到赵王封地当了相国,以期保护宠妃和爱子。他对戚夫人的钟爱之心可谓感人,甚至处于弥留之际,听说樊哙要杀刘如意,刘邦还马上派人去立斩樊哙。

但刘邦为保护爱妃和爱子所做的一切,都随着他的离开而变成一场徒劳了。

正如刘邦所料,惠帝柔弱,政权旁落在太后吕雉手里。她先前扶植的势力、拉拢的人脉、树立的威信,已经令她的地位牢不可破了。

有了大权在手,吕雉压抑多年的怨毒就爆发了,开始了大清洗。她早就恨透了后宫里争宠斗艳的妃嫔们,尤其是戚夫人,竟险些取其皇后之位而代之。吕雉按制度把刘邦的所有庶出儿子封赏一番,送他们各归封国,但同时也把他们的母亲——刘邦宠爱过的那些姬妾,"幽之不得出宫",统统关进冷宫,让她们只穿粗衣旧衫,勉强维持温饱。

她"恨之心切"的戚夫人,下场更加悲惨。吕雉先废她为庶人,然后派人拔光了她的头发,给她穿上囚服,戴上镣铐,囚禁于永巷里做重活。戚夫人终日不仅吃不饱饭,还要经常挨打骂。

这些事,戚夫人的儿子赵王刘如意在封地并不知情。
但吕雉又怎么会放过刘如意?她遣特使召赵王刘如意进京。
刘如意虽然知道凶多吉少,可又不敢抗命,只好上了路。
惠帝刘盈虽然才十七岁,但很仁孝。尽管赵王刘如意差点儿夺去他的帝位,可他认为那不是赵王刘如意的错,何况同为父王所生,所以,他发自内心地疼爱这个弟弟。他知道自己的母亲心眼儿小,手段毒辣,所以,得知刘如意来长安处境危险,惠帝刘盈便亲自率领一班内侍到城外迎接,将幼弟接到了自己的宫中,以便保护,使吕雉的杀人计划不能马上实施。

一天清早,惠帝照例出去练习骑射。本来想带上刘如意一起走,但见刘如意睡得很香,惠帝便没舍得叫醒他。

谁知吕雉正盯着惠帝呢。他刚走,吕雉便指使亲信携带毒酒进入惠帝寝宫,强迫刘如意饮下。刘如意明知不好,但一个十二岁的孩子怎敢抗命?他哭泣着饮下毒酒,一会儿便命归黄泉了。

惠帝回来后到处找不到刘如意,他知道出问题了,马上叫来太监询问,在得知母后的所作所为后,他极其愤怒,但吕雉是自己的母亲,他只能徒唤奈何!这件事情让惠帝第一次领略了母后的残忍,也让他第一次体会到了做皇帝的无奈,心灵受到了很大刺激,对母亲的感情也大打折扣。

但吕雉并没有就此收手,她又命人将赵王刘如意死去的消息告诉戚夫人,以便从精神上摧毁她。

戚夫人得知儿子死了,果然心灰意冷,完全失去了生活的勇气，可吕雉并没有因此而放过她。吕雉很快就派人砍断了戚夫人的四肢，将她的眼珠挖出，用药熏聋耳朵，又给她喝下哑药使她不能说话，最后把她丢进厕所里。这项惨不忍睹的"杰作"，被吕后称为"人彘"。

戚夫人本来可以成为吕雉最强对手，但她在心计上输了吕雉一大截。历代以来，后妃们从皇帝手中讨来权力和富贵，多是用美色和柔情套住皇帝，再一步步施加影响，然而戚夫人小觑了吕雉的实力。戚夫人博得了刘邦的偏爱，却并不能意味着能从吕雉那里免了祸。经过吕雉的巧妙策划，努力经营，天下已经不再是归刘邦独有。

当时，惠帝还不知道母亲将戚夫人迫害成"人彘"。但吕雉就是吕雉，其心理与寻常母亲不同，她不怕让儿子知道自己的残忍——或许是出于报复的快感，或许是想给违背自己意愿保护赵王刘如意的儿子一点警示，她竟命令太监引惠帝前去观看"人彘"。

当惠帝知道这惨不忍睹的"人彘"是母亲吕雉所为时，悲痛地大哭起来，他觉得母亲太残忍了，太没有人性了。是的，吕雉的狠毒，连她的亲生儿子刘盈都无法接受，他对母亲说："把人折磨成这个样子，这哪里还是人的行为？我作为您的儿子，无颜再掌管天下了！"

这一惨绝人寰的场面对仁孝的惠帝又一次造成了严酷的打击，这位十七岁的天子受到很大的刺激，精神彻底崩溃了，回宫之后大病了一场。此后，他在灭绝人性的母亲面前选择了逃避，"日饮为淫乐，不听政"。

万念俱灰的刘盈弃理朝政,天天借酒浇愁,沉湎女色,经常不去上朝,吕雉趁机名正言顺地掌握了朝中大权。

虽然弄死了戚夫人,吕雉的气出了,但她的人品也为群臣所了解。大臣们感慨之余,对朝廷的感情日见减少,只剩下敢怒而不敢言了。

那份无可奈何的情愫

此时的惠帝只知道母亲吕雉的残忍,却不知道她还不守妇道。事实上,吕雉与审食其的通奸关系,刘邦到死都是不知道的。

审食其本是刘邦的同乡,没有什么才干,不过长得面目文秀,口齿伶俐,善于迎合主子。刘邦起兵后,因家中老父、妻子、孩子无人照料,便叫审食其帮助吕雉打理家事。

这个差事对审食其来说是很不错的。他听命于吕雉,谨慎小心,得到了吕雉的信任。时间长了,吕雉难耐空房,渐渐地与审食其眉来眼去,便瞒过老父、孩子,与之勾搭成奸。

吕雉在未掌握国家大权之前,确有她善良温顺的一面。据《史记·高祖本纪》记载:吕雉婚后,甚至有了自己的儿子、女儿后还得亲自下田种地,显示了吕雉勤劳持家的一面。

但吕雉也是一个女人,在刘邦长期冷落她的时候,她的感情同样需要慰藉。这时,审食其作为一个温柔的情人,满足了她所有的空虚。

及至刘邦兵败彭城,家属被俘时,审食其本可以躲过一劫,但他选择了留下,在随后的整整三年"监视居住"的时间里,他不离刘邦家属左右。说他为了吕雉也好,忠诚于主子刘邦也罢,总之，审食其表现得忠心耿耿，可圈可点。

吕雉在楚汉战争中，做出的重大牺牲是替刘邦做了人质，这也是吕雉在刘邦死后执掌朝政的政治资本。但当吕雉历经磨难，回到老公身边的的时候，她却发现刘邦身边早已有了宠幸的戚夫人。"吕后年长，常留守，希见上，益疏。"（《史记·吕太后本纪》）而吕雉因为年龄长于戚夫人，常常作为留守。由于在此之前吕雉已经和刘邦长期分离，再加之戚夫人的关系，吕雉此时已经很难见到刘邦了，两人的关系也因此更加疏远。当时的吕雉有多大？我们可以粗略地估算一下：吕雉不足二十岁时嫁给刘邦，四年后刘邦在芒砀山落草起兵反秦离家出走，接着经过三年反秦，四年楚汉相争，到鸿沟议和之时，吕雉才再回到刘邦身边，离初婚已经十年。因此，此时的吕雉应当是不足三十岁。而这十年间，吕雉和刘邦共同生活了不到三年。等到吕雉与刘邦重逢时，刘邦不但有了新宠，而且又有了另一个宠爱的儿子刘如意，吕雉只能默默地当一个"留守太太"。

历史上权势显赫的一代女主，大多在个人感情生活上并不如意。当人们抬头仰望着权倾天下的一代"女皇"时，又有谁能知道这位"女皇"有多少幸福感？刘邦与戚夫人恩恩爱爱，但吕雉已是"常留守，希见上，益疏"。

为了报复刘邦的薄情，也是对自己的安慰，吕雉维持着表面上的妇道，但在内里，她一直没有断了与审食其的地下情。

刘邦称帝后，吕雉还多次提及审食其的功绩，刘邦的老父亲也出来为审食其说话，于是刘邦念及审食其的功劳，特地封他为辟阳侯，也算是士大夫了。

审食其饮水思源，虽官拜辟阳侯，但还不忘与吕雉的旧情，经常入宫服侍吕雉，只是躲开了刘邦的耳目。加上刘邦称帝后，除了戚夫人外，还有大批的嫔妃可以临幸，对吕雉更没有了兴趣，所以吕雉也有机会与审食其维持私情。

虽然吕雉宫里的宫娥才女都知道这件事情，但是慑于吕雉的权力，谁也不敢告诉刘邦，所以刘邦至死都不知此事。

虽说吕雉凶狠，但她对审食其一向爱护有加。刘邦死时，吕雉第一个找到的人也是审食其，并与其商量对策。

惠帝后来听说了他们的奸情，在对母亲怨恨之余，决定要将审食其处死。惠帝想，如果用他们的奸情作为罪名，首先伤害的就是自己的母亲吕雉。当然这还是其次的，更重要的是，他不愿给长眠在地下的父亲刘邦添烦恼。于是，他依靠大臣找到审食其的其他问题，拘捕了他。惠帝知道，吕雉是不会善罢甘休的，所以他心中没有底，只能走一步看一步。

入了大狱的审食其毫无办法，只能等着情人吕雉来救他。

吕雉对此事非常恼火，她几次见惠帝，都想为审食其说话，但一见到自己的儿子，一张老脸就热得发烫，话就没法说出口了。吕雉思来想去，终于想起一个叫朱建的人，此人与惠帝关系密切，而且吕雉也对他不薄，可她思来想去始终没有开口。

监狱中的审食其也想到了朱建，他买通狱卒请朱建帮其说话。朱建是一个有城府的人，他并没有直接出面，而是通过惠帝身边的内侍摆平了此事，将审食其放出大狱。

吕雉见审食其出狱，大喜过望，当即派人到其府上慰问，并召其进宫。

审食其此番受了大罪，还怎敢进宫？无奈吕雉欲火难耐，三番五次派人去请。待审食其进宫后,吕雉设宴招待,之后又入帏共枕。

吕雉是一个智慧过人的女人,她按下审食其的事不提,却通过其他事情给惠帝颜色看,从精神上给惠帝施压。

惠帝明白了,从此忍气吞声,不再过问母亲与审食其的事了。但这件事使吕雉和惠帝之间的关系更加恶化。

脱　逃

据史料记载惠帝仁孝，主要表现在对刘邦嫔妃的爱护以及对同父异母兄弟的关心上。

惠帝二年（公元前193）冬十月，朝廷命齐王刘肥入朝。刘肥是高祖刘邦的庶长子，比惠帝大好几岁。惠帝对这位兄长以礼相待，邀请齐王入宫拜见皇太后吕雉。吕雉假心假意地表示慰问，实则心中早动了杀机，想把刘肥害死。

是日，惠帝为齐王接风，命令御厨摆上美酒佳肴，请太后吕雉坐在上座，请齐王坐左侧即第二位，自己则坐右位即第三位。面对惠帝的殷勤，刘肥也不客气，大大咧咧地在左侧坐下了。

谁想到这一切都被吕雉看在眼里，她心中更加怨恨，眉头一皱，计上心来。吕后以需要更衣为名回到内宫，招来心腹内侍，小声在他耳旁嘀咕数语，然后才返回宴席。

此时，惠帝与齐王聊得正欢，共叙手足情。作为主人，惠帝不断地劝刘肥畅饮，刘肥也非常高兴，接连饮了数杯。

不一会儿，吕雉的内侍端着酒来进见，说是特酿美酒，并当场续上两杯，献给了齐王刘肥和吕雉。吕雉心中有数，说自己是女流之辈，酒量有限，让刘肥先喝。可无论吕雉怎么劝酒，刘肥就是不喝，吕雉顿时没了辙。

惠帝见场面尴尬，主动端起吕雉的那一杯酒，要与刘肥共饮。

吕雉一见，大惊失色，故意动作失常，将惠帝手中的酒打翻，还把酒杯夺了去。开始惠帝不知什么原因，转念一想定是毒酒，因而非常愤懑。

刘肥见吕雉反常，心中有疑，便把酒杯放下，假装说已经醉了，退出了宴席。

刘肥返回住所，立刻拿钱贿赂宫人，以探听真实情况。宫人回报说的确是两杯毒酒，他惊喜交加，自知逃过一劫，同时对吕雉的阴险歹毒有了深切的了解。他想返回齐地，怎奈已经不能出门。他不想坐以待毙，便招来随员秘密商量脱身之计。

有人献计说："大王要想保住性命，最好表现得无欲无求，把自己的封地划一块出来献给太后的女儿鲁元公主。太后最心疼的便是她的女儿，这样一来，你便可以证明自己没有野心，同时又能讨好太后。你只有向鲁元公主示好，太后一高兴，你才能被放行。"

刘肥别无他法，只好照做。刘肥战战兢兢地来见吕后，并以侍奉母亲的名义将城阳郡献给吕后，作为元公主的汤沐邑。没想到这一招果然奏效。吕雉不仅准许他回到自己的封地，还拉着鲁元公主和惠帝前来为刘肥送行。

傀儡皇帝

惠帝登基后,在吕雉的阴影笼罩下身体很快就垮了,丧失了生育能力。

当了七年傀儡皇帝后,惠帝就一命呜呼了。

汉惠帝七年(前188年)八月,这位年仅二十四岁的皇帝去世了。文武百官前去哭灵,却见吕雉坐在惠帝床边,虽呜呜咽咽,唠叨有声,可脸上却没有泪痕。众臣都觉得作为母亲吕后过于薄情,但大家一时也猜不透她葫芦里卖的什么药。

其实,吕雉私心极重,又患得患失,为了家族利益可以不择手段。

当初,为了加快培埴吕氏集团势力,巩固统治,亲上加亲,她竟不顾乱伦之嫌,将惠帝的亲姐姐鲁元公主与赵王张敖所生之女立为帝后。年幼的外甥女嫁舅舅,完全乱了辈分。而刘盈显然不愿意玷污外甥女,所以婚后张皇后一直未生孩子,由此成为中国历史上第一位处女皇后。

可怜的惠帝病死之后,吕雉认为,如立刘邦其他儿子来继承皇位,非己所生,必会对自己的掌权不利。于是,她命人将惠帝另一姬妾所生之子刘恭交由张皇后抚养,并立刘恭为帝,史称少帝,尊称张皇后为皇太后,吕雉为太皇太后。实际上,整个朝政还是由吕雉及吕氏家族把持。然而,刘恭的生母却没有"母凭子贵",而是被吕后残忍地杀害了。

公元前184年,少帝刘恭已经七岁了。他从太监口中知道了自己的身世,因而对吕雉和张皇太后异常不满,他说:"她们怎么能杀了我的母亲呢?等我长大以后,我一定要报仇。"

有人把少帝刘恭说的这句话报告给吕雉。吕雉听后惊慌失措,命令侍卫对少帝刘恭严加看管。经过反复思考,吕雉决定不留后患,便与吕氏家族的几个人商量,决定废了少帝刘恭。当时,吕氏家族的人还不敢轻易夺了刘家的天下,因此不得不在惠帝的其他儿子中选拔新帝。吕雉最后决定立刘盈的另一个儿子常山王刘义为帝,更名为刘弘。之所以立刘弘为帝,是因为其性情软弱,易于控制。

于是,吕雉太皇太后、张皇太后以及吕氏家族的人先是对外谎称少帝刘恭有严重的疾病,已丧失理智,即使治愈也会有后遗症,长大了也不能亲理朝政。

随后,吕雉宣布废了少帝刘恭,并把他囚于永巷,还对外宣称说小皇帝生病,不准周围的侍臣接近他。在立刘弘为皇帝后不久,吕雉干脆将少帝刘恭用毒酒毒死。

这期间,皇位已是形同虚设,吕雉一直当政,正式成为独揽大权的无冕女皇。她以皇帝年幼为由,代其行使决策权,直到公元前180年病逝,这就是所谓的"吕后称制"。吕雉当政时期虽然不得人心,但因其强权统治和外戚当道,至少在活着的时候,她的权力无人能撼动。

吕雉假哭之谜

公元前188年秋,八月十二日戊寅,惠帝崩于未央宫,新立的少帝年幼,年逾花甲的吕雉临朝称制。

吕雉就其个人的品性和所做的恶行来说,应当批判。但她在治国大政方针上没有过多地干预大臣们所实行的无为政治,维护了国家的统一,这是应当肯定的。

吕雉从垂帘听政开始,一步步走向专制,最终落得个毁誉参半的名声:她是有头脑的政治家,把国家治理得颇有起色;她又是任性刁蛮的寡妇,为了争利夺势而杀人如麻,为了家族霸权而巧取豪夺。

表面看起来,吕雉的荣华富贵是拜她那个了不起的丈夫所赐。不过,如果没有吕雉早年的辅佐和牺牲,刘邦又怎能毫无顾虑地去征服天下呢?吕雉刚嫁给刘邦的时候,简直是个温顺贤淑青春懵懂的姑娘,与后来那个专横残暴的太皇太后简直判若两人。这种重大的性格转变是其黑暗的人生经历造成的,但这又何尝不是一种争取最大利益的策略?丈夫为事业而奋斗时,她做好"贤内助",是为了帮丈夫更快地成功,这样自己也可以跟着发达;后来丈夫称帝,夫妻感情疏远,此时她深深明白家族的前途已经不能指望丈夫，只能靠自己来把握！于是，一个铁腕女政治家诞生了。

刘邦也是一个随性散漫之人，常常奔波在外不顾家事，对劳苦功高的结发妻子更是多有亏欠。吕雉虽然只是村妇，但为人极其精明，但曾在动乱年代出生入死磨炼了其坚毅果敢的性格，所以才能在大权在握之后，以雷厉风行之势镇住了满朝文武。要知道，这些臣子都不是随便封的官，他们是为刘邦打下汉朝江山的精英人物！

吕雉降服这些大人物的手段，主要是靠"威压"。有两件事最能体现她的心狠手辣：其一，设计杀掉了功高盖主的淮阴侯韩信；其二，残害刘邦宠爱的戚姬母子。吕雉发威时，腥风血雨席卷朝野，连见识过"鸿门宴"的猛将樊哙也噤声而不敢言。为人妻母，残暴至此，有些不可理喻，但捅破了"权力"这层冰冷的窗户纸，人们也能看到一个心思婉转、孤立无助的妇道人家。她是功臣之敌，皇室之祸，但同时也维护着草根百姓的利益，难得地保持着不忘本的一面。

吕后治国

吕雉"临朝称制",成为中国历史上第一位独揽国家大权的女人。但女人当权,通常都会给人一种软弱可欺的感觉,彼时匈奴就想挑衅。

公元前200年,刘邦曾率领三十二万步骑讨伐扰边的匈奴,在平城(今山西大同市)被四十万匈奴骑兵包围,七日七夜不得突围,差点儿全军覆没。刘邦迫不得已采纳了刘敬的和亲建议,以宗室女为公主嫁给匈奴单于,陪送了大量的金银绸缎,换取匈奴不扰边境。但匈奴不守约,仍然时常骚扰。西汉初年,匈奴族出了个领袖人物叫冒顿单于,他统一了匈奴各部,使匈奴族达到历史上的极盛时期,地域东西两万里,有带甲之士四五十万。刘邦死后,冒顿单于派使者到长安,并写了一封侮辱汉朝的书信。信中声称:他生长于沮泽之中,想到中国游乐。他死了老婆,吕雉死了丈夫,"两主不乐,无以自虞,愿以所有,易其所无"。吕雉得书后大怒,与丞相陈平及将军樊哙、季布等廷议,欲斩使者并发兵征讨匈奴。群臣计议,当时西汉国力不足以讨伐匈奴。季布说:"匈奴夷狄,譬如禽兽,说话粗鲁,不必计较。"最后议定,给匈奴写一封言词卑恭的回信,吕雉声称自己年老体衰,已经是发齿皆落,不能够陪伴单于,望乞恕罪。又派大谒者张泽为使报匈奴，赠送御车二乘，马八匹，表示见物如见吕雉。匈奴冒顿单于本来要寻衅挑起战争，现在见汉朝先礼后兵，也就趁势下了台阶，回报汉朝说："未尝闻中国礼义，陛下幸而赦之。"

这就是史上有名的吕雉卑躬屈膝与匈奴和亲的经过。

从长远来看，这一和亲政策换得了一段时期的边境和平，有利于汉初农业生产的恢复，保证了大乱之后无为政治的执行。屈辱和亲是当时的政治形势决定的，不能完全归责于吕雉，并加以"投降"之名，冠以"反动派"之义。吕雉忍辱求和是一种顾全大局的举动，也可以说是其在政治上成熟的表现。

吕雉虽然刚毅阴狠，满手血腥，但是她也有一些为人称道的政绩。她先是为高祖划谋定策，助其争夺天下，后又减轻百姓负担，导正社会风气，废除了许多繁苛的法令，尤以废除"三族罪"和"妖言令"为百姓所称道。

吕雉不但善于治家，而且同样善于治国。在她当政期间，大力推行休养生息政策，废除秦时期的残暴法令，减免赋税，分放耕地，让饱受战乱之苦的百姓过上了安定的生活。此外，还大赦天下，妥善安置复员官兵，导正社会风气。这一切使得汉朝的国力缓步上升，为后来的"文景之治"奠定了坚实的基础。《史记》中评价当时的社会状况说："刑罚罕用，罪人是稀，民务稼穑，衣食滋殖。"史书对其称道："高后女主，制政不出闺阁，而天下晏然。"

然而，这所有的功绩，都淹没在权贵阶级的怨声载道之中。这是因为吕雉作为一代统治者，虽然继承了刘邦的休养生息政策，与此后的"文景之治"一样为汉朝的强大奠定了坚实的基础，但是她在宫廷斗争中所表现出来的阴险狠毒，实在令人发指。

吕雉最大的特色，在于一个"狠"字。她之所以能够掌权，并不是因为貌美，而是仰仗于苦难经历磨炼而出的刚毅性格和政治智慧。她之所以能够压制为汉朝打下江山的功臣勇将们，也是颇有手段的。她的手段之一，就是韬光养晦。早期兵荒马乱年间，吕雉不过是个家庭主妇，地位低下，客观上不受重视。谁能料到如此贤惠朴实的女人日后可以成就大事？建汉初期，英雄的光环都落在高祖刘邦和功臣韩信等人的头上，而后宫以戚夫人最为耀眼，此时的吕雉仍没有显山露水。而等众人发觉吕雉势力过于壮大，为时已晚——没人能够阻止她了！

吕雉的另一个重要手段就是敢拼胆量。吕雉的性格刚强泼辣，吃苦耐劳，为了刘邦，她可以坐牢，当俘虏，甚至面临生死考验。在不平凡的历练中，她原本就大的胆子逐渐变得更大起来，这令居功自傲的男人们始料不及。功臣们能征善战、威风八面，她若能够打压功臣，不就更具威势了吗？她胆敢谋害韩信、彭越，本身也是要承担一些风险，但也由此得到了非同小可的收获：满朝文武被震慑了！借此势头，她又谋害戚姬母子、刘氏皇族，手法惨无人道，一时将恐怖气氛推至极点。只要她一直敢做，别人就只有一直害怕的份儿！

吕雉还有一个手段，则是避其锋芒攻其所短。男人擅长国事，女人擅长家事。吕雉虽然没法跟男人们比战绩，但她有两样资本：一个是她丈夫乃带兵起义的领袖人物；另一个是她在敌营做过俘虏，这也可以看作是一种变相的政绩。后来刘邦称帝，天下太平，国事也就成了家事，吕雉凭借第一夫人身份干涉国事，像持家一样将国家处理得井井有条，而惯于打仗的男人们不适应这种需要细心和秩序的局面，反而受制。打天下和坐天下，本来就需要不同类型的才能！从吕雉对待大臣的方式就可以看出，她已经把权术玩弄到炉火纯青的地步。

吕雉虽阴狠毒辣，但骨子里毕竟还是女人，人格上有着胆怯、顾虑的一面。她杀人立威，多少也出于自保的心理；同时，她得罪了太多权力阶级，"女人执政""乱伦婚姻"等破坏传统礼法的行为也被舆论所不容，这是她权力未能持久的根本原因。如果她不是急于滥用权力，而是想办法在朝廷上下争取更广泛、更长远的支持，也许可以活得更出色，死得更安心。

在汉王朝中，吕雉其实是一个相当了不起的女人。没有她，刘邦所谓的大业也许未必能成。而在刘邦称帝之后，是她平定天下，实行仁政，同时发展农业，民务稼穑，百姓休养生息，更除前代苛政。面对番邦的多次挑战，她采取和亲政策，有效地避免了战争。吕雉执政时期都没有发生过战争。这样一个有胆有谋的女人，被刘邦遇到是他的福气。

血 洗

吕雉对刘氏子孙,大肆剪伐,意在动摇根本。纵观历史,几乎刘氏子孙和外姓诸侯都惨遭吕雉的血洗。

刘邦一生共有八个儿子,除了吕雉亲生的惠帝刘盈外,其余七个刘邦的亲儿子中,被吕雉害死者有四子及一孙。

刘邦的八子是:当亭长时的外妇曹夫人生齐王刘肥;下面依次是:吕后生惠帝刘盈,薄姬生孝文帝刘恒,戚夫人生赵隐王刘如意,赵姬生淮南王刘长,诸姬生赵幽王刘友、赵恭王刘恢、燕王刘建。

这八子中有三个赵王,但均死得很惨。赵隐王刘如意被召到长安毒死。赵幽王刘友,因不喜欢诸吕之女,被吕太后召到长安并幽囚在王邸,派兵守卫,不给饭吃,最后被活活饿死。刘友临死,作《饥饿之歌》,发出了呼天抢地的控诉。

其歌曰:
诸吕用事兮刘氏危,迫胁王侯兮强授我妃。
我妃既妒兮诬我以恶,谗女乱国兮上曾不寤。
我无忠臣兮何故弃国,自决中野兮苍天举直。
于嗟不可悔兮宁早自裁,为王而饿死兮谁者怜之!

吕氏绝理兮托天报仇。

　　吕雉逼迫刘姓王侯娶诸吕之女为正妻，既遮人耳目，又可在刘氏子弟中安置活人窃听器，刘氏子弟不爱吕氏女是很自然的。
　　赵恭王刘恢，不爱吕氏之女，被迫自杀，临死也谱写下了绝命诗托天鬼报仇。
　　燕王刘建死了，吕雉杀其子夺其地。
　　淮南王刘长因是吕太后养大，故得保全。
　　代王刘恒，因其母薄姬不被刘邦所宠，又在边地为王，也得以保全。

吕雉亡

公元前181年正月三十乙丑日，这一天发生了日全食，白昼昏暗如夜晚。日食或月食本来是平常的自然现象，但古人认为这是上天在示警。这次日食，吕雉自认为是上天在诫示她。因此她对左右说："此为我也。"她的心中极度忧虑。为什么吕雉要把日食往自己身上揽呢？因为吕雉饿死赵幽王刘友就是这一年的正月十八丁丑日，丁丑距乙丑只有十三天。日食来得如此之巧，使她惊恐不安，所以才认为是上天的示警。预示着大臣不平，刘氏反抗。吕雉为此整日提心吊胆，疑神疑鬼，坐卧不宁，但她却并未收敛她的毒焰。日食后不久，二月里，她又害死了新近徙赵的赵王刘恢。

此时的吕雉陷入了极度矛盾的恶性循环之中。一方面她担心刘氏子侄的报仇，而另一方面却又加紧铲除刘氏子侄。在不到两个月的时间里，接连害死了两个赵王。吕雉心情沉重，神情恍惚。经常做噩梦，梦见两个赵王来索命。就这样，吕雉战战兢兢又过了一年。

公元前180年三月，吕雉为了祈求免灾，到长安郊外去祭祀。这是当时的风俗，通常在二月或三月到宗庙、社坛或水边祭祀，可以消灾，称为"祓除"或"祓祭"。在吕雉祭毕回宫，路过轵道亭时，突然眼花，恍惚间看见一条蓝色大狗"嗖"地蹿到了她的胸前，并在她腋下狠狠地咬了一口。

吕雉回宫后请卜者占卦，被告知说是赵王刘如意在作祟。这使吕雉愈发惊恐，加重了她的精神分裂症，她总觉得腋下奇痒并起了一个疙瘩。后来就真的抓破了皮肤，得了腋下溃烂症。

吕雉度日如年，挨到了七月中，病情加重，她召吕产、吕禄进宫安排后事。吕雉对诸吕说："你们受封为王，违背了高皇帝的盟约。按誓言'非刘氏王者，天下共击之'。现在大臣们都不服你们，我死后，小皇帝是镇不住大臣们的。你们要牢牢地记住，掌握好兵权，保卫好宫廷，一定不要为我送丧，免得为人所制。"

年近七旬的吕雉预感到自己将不久于人世，她清楚地知道刘氏集团决不甘于屈居吕氏集团的统治之下，自己死后势必有一场你死我活的斗争。因此她精心地为家人做了万全的准备，她任赵王吕禄为上将军，统帅北军；梁王吕产领南军。汉朝的军制，首都的禁卫军分南军北军，南军掌卫戍宫城，北军掌卫戍首都。控制了首都和宫廷的卫戍部队，以防兵变。同时吕雉没有忘记以吕产为相国，以吕禄女为帝后，她为巩固吕氏的权力做了最后的努力。

八月一日辛巳，吕雉合上了双眼，结束了她十五年的政治生涯。她把朝政实权留给了吕氏家族，只将皇帝的名号留给了刘家。

第三章

卫子夫：从宠姑娘走到女神

春宫怨,怨昨夜风开露井桃,未央前殿月轮高。
平阳歌舞新承宠,帘外春寒赐锦袍。其实莫倚金为屋,
重重只锁愁。年华不可追,怨咽空自悲。帐中鸣佩卫夫人,
此为倾国色,与君同占可怜春。
冠盖满京华,斯人独憔悴。
荼蘼花谢,来年依旧绽放;绿叶枯萎,下一春依旧染绿;
今夜星沉月落,明日依旧会再升。
一波未平,一波又起,人老矣,自有新人替。只见新人笑,哪
闻旧人哭?高城望断,烟尘如雾,清梦断,镜里朱颜改。
不见君王临,碧云暮合空相对。
忆昔缠绵悱恻,携手处,今谁在?

身世寒微：她是一个灰姑娘

卫子夫可以说是励志女性的最佳范本。她从一个不折不扣的灰姑娘，到成为大汉帝王的一代皇后，这中间的历程绝对不能仅用"幸运"两字来概括。

与陈阿娇的显赫身世相比，卫子夫的身世卑微低贱到正史根本不愿意提及，野史也只有那么一点儿零星记载的程度。

卫子夫出生于汉景帝年间，奴仆出身，其家号卫氏，在当时的平阳侯曹时（抑或曹时之父曹奇，因卫子夫出生之年不详）封邑境内。其父之名史不见载，母亲卫媪曾为平阳侯家女仆，也有说是平阳侯妾。卫子夫年少时，或被送往平阳侯家教习歌舞，遂为平阳侯府讴者即歌女。

这时的卫子夫是一个不折不扣的灰姑娘。她的家庭地位之低，确实是低到了尘埃里。但是，就在这样的家庭里，其实还蕴藏着除卫子夫之外的潜力股。他日，当卫子夫飞升起来，她家庭中的几只潜力股也暴涨了，这其中的一只便是汉代名将卫青。

卫媪一共生下三男三女六个子女。他们分别是长子卫长君，长女卫君孺，次女卫少儿，三女卫子夫，二子郑青，三子卫步。其中郑青和卫步是私生子。

第三章 卫子夫：从灰姑娘走到女神

对于卫子夫而言，她上有一兄二姐，兄长卫长君早逝，长姐卫君孺（卫孺），次姐卫少儿，卫少儿有子名霍去病。卫子夫又有同母异父兄弟三人，即卫青、卫步、卫广。

卫媪是一个奴仆，要拉扯大六个子女，非常不容易，偏偏二女儿卫少儿又重复了母亲的悲剧，和同样在平阳侯家办事的县吏霍仲孺私通，生下了一个儿子，取名叫霍去病，而他又成为卫子夫家里的另一只潜力股。

从卫媪母女两代人的不幸中，可以看到西汉时期私通和非婚生子现象的泛滥。这些私生子是不会被有身份地位的家族所接受的，注定要度过悲惨的一生。卫媪一个人拉扯六个子女再加上刚出生的外孙，喂饱一家老少八张嘴，实在是能力有限。眼看一家人就要饿死了，卫媪想来想去，只好硬着头皮把二儿子郑青送到他的亲生父亲郑季家里，求郑家人抚养这个孩子。郑季良心未泯，把郑青留了下来。但郑青在郑家受到了郑季夫人和族人的排斥，日子过得可怜兮兮的。郑家让年幼的郑青整天在山上放羊，让他自生自灭，几个兄弟也毫不顾及手足之情，对郑青随意责骂。郑青就是在这样恶劣的环境中顽强地成长起来，并且形成了谨慎小心、善于忍耐的个性。郑青慢慢长大了，郑家越来越不能接受成年后的郑青，郑青也不愿再受郑家的奴役，就毅然回到了母亲卫媪身边。因为和郑家没有一点感情，郑青改姓卫，改名卫青，与郑家彻底断绝了关系。卫媪给卫青找了一份"工作"——子继母业，在平阳侯曹家当家奴。尽管常年忍饥挨饿，卫青还是长得高高大大、相貌堂堂，于是就做了主人家的骑奴。汉景帝的女儿、汉武帝的姐姐平阳公主嫁到了曹家，卫青被分配给公主当差，主要的工作内容是在公主出行的时候骑马在后面跟着,充当众多杂役兼保镖中的一个。

卫子夫也和弟弟卫青一样,并没有被常年的饥饿折磨得面黄肌瘦,反而出落得美艳动人,被主人家选中,当了名舞女。主人家来客人的时候,卫子夫就在厅堂里伴舞赔笑,弟弟卫青则在堂下随时听候使唤。

美貌就是上天赐给卫子夫最强大的力量,有了美貌,随着王子的出现,她的命运将发生转变。

红尘邂逅：一场命运的华丽舞会

在公元前139年的春天，上巳日那天，卫子夫生命中的白马王子出现了，只不过他的地位要高过王子，他就是汉武帝刘彻。

那一天，汉武帝去长安郊区渭水边灞上祭祀先祖，祈福除灾。回宫时，顺路去平阳侯在京府邸看望大姐平阳公主。

当时汉武帝与陈阿娇关系疏远，陷入冷战，被他的同母姐姐平阳公主看在眼里，尤其是汉武帝娶妻数载却没有子嗣，平阳公主便决定效仿姑姑馆陶公主窦太主择良家女子欲以进献天子。心思缜密、善于投机的平阳公主，就暗中在民间搜罗品貌俱佳的妙龄女子，养在府中。卫子夫就在平阳公主不辞辛苦搜罗来的大群美女里，平阳公主把她们分成若干等级，第一级别的美女琴、棋、书、画、唱歌、跳舞样样精通，不是一般人能够进入的，需要走后门才可以进入。第二级不过充个数而已，以歌舞声色为重，至于琴棋书画平阳公主就懒得教她们了。卫子夫是女仆的女儿，当然没有资格进入第一级别，只好屈居在第二级别。

恰逢汉武帝灞上祓禊归来，路过曹家，进府小憩，平阳公主便将先前物色好留在家中的十几个女孩精心装扮，并令她们出来拜见武帝。然而，汉武帝对那些盛装打扮的大家闺秀都不满意，他左右四顾，觉得这些女子都过于俗艳了。于是平阳公主命十余人退下，继而酒菜开筵。美酒佳肴，纷然杂陈；丝竹管弦，交相呼应。乐声响起处，一群舞伎，扭动着如柳的纤腰缓步而至。

灰姑娘卫子夫终于迎来了生命中那场华丽的舞会。

只见一个粉面含春的歌伎舞步轻盈。她眉目生俏，面容娴静，一低头一启唇间都是娇羞无限；她的眼波莹莹而转，风流又纯真，总似有意无意地向武帝这边瞟来。虽然她的美貌不是那么浓烈显眼，但却温润得恰到好处，在武帝心中激起一股难以抑制的柔情。烛光摇曳之中，轻薄透明的衣裙，遮不住莹晶圆润的肌肤；瀑布般乌黑光洁的秀发，随着舞曲的节奏，荡漾在胸前身后；应舞而唱的悠悠歌声，流露出无尽的缠绵。还有那灿若星子一样的眼神，桃花般的笑脸，让汉武帝的眼睛充满了光芒。

汉武帝便指着歌女卫子夫，问平阳公主，此女何许人也？平阳公主意领神会，笑着答道：'这是我府中歌姬，名叫卫子夫。'过了一会儿，汉武帝佯称天气热，要去尚衣轩里更衣，平阳公主忙命卫子夫前去服侍。

卫子夫成为女神的机遇终于到了，这时，只能用幸运来形容了。

卫子夫轻移脚步，走进了尚衣轩。她刚迈进门，刘彻一个冷不防，就抱住了她。

'好大的胆子，竟敢跟踪朕！'卫子夫吓得直往后躲，嗫嚅着说：'皇上，奴婢是来替皇上更衣的！'卫子夫的纤纤素手让他兴奋且冲动；卫子夫身体的芳香，随细密的汗珠沁出，让他陶醉。

二人在尚衣轩里缠绵了许久方出来。

再出来时,汉武帝红光满面,精神抖擞;而随后扭扭捏捏走出更衣室的卫子夫,脸上洋溢着潮红与羞涩,媚眼微惺,云鬓凌乱。

汉武帝回到筵席后非常高兴,赐给了平阳公主黄金上千。平阳公主的如意算盘总算要成功了,立即向汉武帝做了一番介绍,说卫子夫不仅长相漂亮,歌喉甜美,而且熟谙宫廷礼仪,然后便奏请将卫子夫送入宫中,汉武帝欣然答应。

汉武帝告别姐姐上辇,平阳公主急忙让人给卫子夫梳洗打扮一番,同辇入宫。

临别上车之时,平阳公主亲抚着卫子夫的背,嘱咐说:"走吧,在宫里好好吃饭,好好自勉努力,将来若是富贵了,不要忘记我的引荐之功(苟富贵,勿相忘)。"

就这样,平阳公主为他们安排了一场美丽的邂逅。

卫子夫怀着兴奋的心情进入了后宫,开启了人生的华丽篇章。

女神没那么容易当

但是，女神绝对没那么容易当成，从古至今，都是如此。

自建元二年入宫以来，时隔一年多的时间里，卫子夫竟然再也没有受到召幸。

当初，汉武帝回宫后，皇后陈阿娇见他竟然带了一位美貌女子一同回来，不禁妒火上冲，气得脸色铁青，满腔妒火都向汉武帝发泄而来。汉武帝招架不住，皇后一家权势庞大，自己稳坐皇位也是倚仗他们，闹僵了实在不好，权衡利弊之后，他不得不忍气吞声，把卫子夫安顿在别室。陈阿娇得寸进尺，又私下把卫子夫投入冷宫，不准她与武帝相见。此后一年多的时间里，汉武帝便渐渐将她忘记了。

卫子夫满怀希望进宫，结果竟是长年不得见君王一面。幽幽冷宫，长夜难尽。她在皇宫一待就是一年多。四百多个日日夜夜里，她每天都倚窗凝望，白天回味着尚衣轩里的故事，夜晚则重复着同一个梦。时间一长，她的芳心渐渐冷却了。

建元三年（前138年），汉武帝决定将宫中年迈无用的宫人遣散出宫。定期释放宫女是朝廷的一项"德政"，宫女出宫择人而嫁，总比做白头宫女要好得多。卫子夫也在遣散行列中。

为避免遗珠之恨，在所有被遣宫女出宫之前，汉武帝要一一过目。这下，卫子夫终于有机会见到久违的汉武帝了。看到那位自己朝思暮想的男人，想起前番的恩爱，想起即将与心爱男人永远的别离和自己未卜的前程，卫子夫不禁掩面啼泣。

这一哭，让汉武帝注意到了卫子夫，凄凄切切的模样，依依脉脉的深情，娇娇美美的姿态。看着，看着，他猛然记起来了尚衣轩里的美人儿和故事，汉武帝的心头升起了一团火，炙烤得他热血沸腾。这一回卫子夫两年的委屈都得到了汉武帝的补偿。

在原本要出宫的日子里，卫子夫的命运发生了奇迹般的逆转。

艰险的后宫

女神总是要经历命运的洗礼。

卫子夫怀孕了。这让皇后陈阿娇感到了莫大的羞辱和威胁。妒火中烧的她,同母亲窦太主一起日夜筹划,想陷害卫子夫,但几次都被汉武帝护住,没有成功,而这反倒激怒了汉武帝,他执拗地要宠幸卫子夫。馆陶公主和陈阿娇越是反对,就越是激起了他的叛逆之心、霸道之气。你恨之越切,他偏爱之越深,于是汉武帝干脆夜夜拥着卫子夫,极尽床笫之欢。

汉武帝这时候已经逐步建立起稳固的集权,总想找机会打压外戚们的嚣张气焰,因此常常当众与卫子夫出双入对,以显示自己的绝对权威。

汉武帝选卫子夫的二弟卫青入宫,在建章宫办事,卫青的命运也由此发生了逆转。

不想,卫家姐弟的崛起引起了皇后陈阿娇的极度仇视和恐慌。皇后陈阿娇的母亲刘嫖亦因女儿不孕而嫉妒卫子夫,便派人去抓捕卫子夫的弟弟、当时在建章宫当差的卫青,欲杀卫青以恐吓卫子夫。所幸卫青的朋友、骑郎公孙敖看到了,带领一干壮士奋力营救,竟然中途将卫青救了下来。事后,卫子夫很愤慨也很无奈,只能向汉武帝哭诉。

第三章 卫子夫：从灰姑娘走到女神

汉武帝大怒，他早就对馆陶长公主母女俩的作威作福看不惯了，立即当着陈皇后的面，公开召见卫青，升他为建章宫总管，并加侍中，可随驾侍候左右。卫子夫的兄长卫长君也得到显贵，亦加为侍中。数日之内，赐给卫家的赏金累计竟达到千金之多。

卫青平地一声雷，瞬间从家奴成为近侍重臣，让所有人目瞪口呆，就是馆陶长公主和陈皇后也拿他没办法了。

不久，卫子夫生下了一个女儿，汉武帝封她做了地位仅次于皇后的夫人。卫青也随之水涨船高，升任了太中大夫。

卫子夫的人生从此开始了华丽的转身，她是奴婢出身，在公主府为了讨得更好的生活已然学会察言观色和见机行事。在后宫这样弱肉强食的地方，她自然懂得绵里藏针绝对比陈阿娇嚣张跋扈更适合生存。她不见得比谁纯真，但毕竟想让自己拥有更美好的生活也是一种向上的理想。卫子夫的过人之处在于她能够做到隐忍，明白要让自己活得更好走得更远，必须步步为营、小心翼翼。所以卫子夫一步一步走向夫人与皇后的位置就不足为奇。

卫子夫的隐忍之道，也是她成为女神的一道必修课。

汉武帝元光五年（前130年），为后十一年的陈皇后于秋七月乙巳日以受人迷惑行巫蛊事被废。

此后半年有余，卫子夫再次怀孕。元朔元年（公元前128年）春天，已承宠10年的卫子夫为称帝12年之久、时龄29岁的汉武帝生下了第一位皇子，这就是皇长子。汉武帝异常欣喜，便命令当时善为文者枚皋及东方朔作《皇太子生赋》及《立皇子禖祝》之赋。为感谢上苍赐予他的第一位皇子，武帝又修建了婚育之神高禖神之祠以祭拜之。举朝臣子亦为这位迟来十余年的大汉皇长子的诞生而高兴。武帝为皇长子取名为刘据。

欢喜之暇，时为中大夫的主父偃上书汉武帝，请立卫子夫为皇后。

汉武帝欣然准奏，择元朔元年的春天，三月甲子这一日，册立卫子夫为皇后。诏曰："朕听说天地不变，施化不成；阴阳不变，物不畅茂。《易》说：'因势变通，人民的精神才会振作。'《诗》说：'通天地之变而不失道，择善而从。'朕欣赏唐虞而乐观殷周，愿汲取历史的经验教训以为借鉴。现在大赦天下，与民更始。有的犯了罪畏罪逃亡及久欠官物而被起诉，事出在孝景帝三年以前的，都免予处理。"

至此，空闲了一年零八个月的未央中宫椒房殿再次有了新主人——卫子夫。

卫子夫终于成为女神，最大的考验也随之而来，如果她不能做好，就会步陈阿娇之后尘，成为冷宫的第二个主人。

卫子夫刚立为皇后，当时的郎官枚皋自作《戒终赋》一篇献予卫皇后，他一改往日诙谐的文风，劝诫卫皇后要将良好的品德作风一直保持下去。虽然是从一名歌女到母仪天下的皇后，但接管了后宫的卫子夫小心谨慎，果然不负其厚望。

元狩元年（前122年），皇子刘据和他的父亲一样，在7岁之龄被立为皇太子。

第三章 卫子夫：从灰姑娘走到女神

风光的背后

在立卫子夫为皇后之后，因她而显贵起来的卫氏家族也不负君王所望，他们并未如大部分外戚一样寄居于裙带之宠。以卫青、霍去病为主导的卫氏外戚身着戎装，挥师北上，凭借着个人才赋及暴骨他乡的决心在十数次出生入死之后身封万户而不息，为大汉朝谱写出戎车七次出征，北登阗颜山，六次深入匈奴，在祁连山设郡的赫赫战功。基本瓦解了北方匈奴势力，为解决汉朝边患问题立下了不可磨灭的功绩。

卫青被汉武帝放置在汉匈战争前线，并在汉武帝的支持下，于公元前124年春、公元前123年两次大败匈奴军队，战果累累，一举扭转了北方的不利局面。小外甥霍去病年纪轻轻，也屡立军功。卫青和霍去病两个人掌握着帝国的军队。

卫皇后的弟弟卫青、外甥霍去病被封长平侯、冠军侯，甚至卫青三个襁褓中的儿子，也皆封列侯。卫青的两个姐姐顺利嫁入世袭贵族陈家和公孙家，卫子夫的长姐卫君孺嫁给太仆公孙贺为妻；二姐卫少儿因与陈掌有私，汉武帝便召来陈掌使其显贵；公孙敖亦因与卫家亲近而受益。通过联姻，以卫家为中心聚集了一批显贵的亲戚朋友，俨然是西汉王朝第一家族。卫氏一门亦获以枝属五人封侯的荣耀，更有姐姐封为皇后、弟弟娶公主的富贵。卫氏外戚,声势显赫,如日中天,极度显贵。纵览汉武帝一朝,更无此幸。其贵震动天下,长安城中遂有《天下为卫子夫歌》(《卫皇后歌》),歌曰:"生男无喜,生女无怨,独不见卫子夫霸天下。"其后历数代近八百年,才有唐玄宗杨贵妃盛宠之时的"生男勿欢喜生女勿悲戚,且看今日女子也能光耀门楣"的翻版坊间民谣。

  卫子夫家的两只潜力股开始暴涨了。但是,风光的背后,其实也并不容易。卫青在家族处于权力巅峰的时刻,难得还保持了清醒的头脑,为了防止皇上猜忌,卫青甚至讨好汉武帝的新宠王夫人。

  随着岁月的推移,卫子夫美貌不再。越来越多的美女进入了汉武帝的床榻。在众多新进的美女中,汉武帝最喜欢赵国王夫人。王夫人为汉武帝刘彻生下了后来的齐王刘闳。这个王夫人和卫子夫一样出身卑微,可她没有卫子夫那样出众的弟弟卫青和外甥,王夫人的亲戚实在不成器。汉武帝就是想提拔王家,都找不到合适的提拔对象,所以王家依然生活在穷困之中。现在,王家突然收到了大将军、长平侯卫青送来的五百斤黄金,惊喜若狂,忙告诉了王夫人。王夫人高兴得心花怒放,兴冲冲地告诉了汉武帝。

  汉武帝还真开始猜忌卫青了。卫青一家势力遍布朝野、手握兵权,风头已经远远超过了当年的窦太主和陈阿娇了。汉武帝能安心吗?不过,卫青主动示弱的行为和清醒的头脑,让汉武帝稍稍感到安心。

第三章 卫子夫：从灰姑娘走到女神

就这样，一方面是卫家的谨慎，另一方面是前线军事行动的需要，让卫青家族继续扶摇直上。

卫青自侍中而大中大夫而车骑将军，领兵一万，击败匈奴，赐爵关内侯。随后 11 年间又出击匈奴 10 次。霍去病也随卫青出征匈奴，18 岁时领骑兵八百斩匈奴二千有余，武帝因此封他为冠军侯。接着，卫青又被赐爵长平侯，官拜大将军。一时间，这位曾经是平阳公主家的骑奴尊贵无比。

平阳公主的原驸马曹时身患恶疾，被公主休了。公主要在列侯中选一个位高而贤能的人再婚，问左右谁可当选。左右都推大将军卫青。公主大笑道："卫青是我家骑从，选他配我，这不是降尊了？"左右说："此言差矣，如今是今非昔比，卫青正当盛年，官拜武职最高的大将军，又是皇后之弟，舍他其谁？"其实这正说出了平阳公主心里最渴望的。

于是平阳公主找皇后卫子夫，羞答答地托她转告汉武帝刘彻，希望弟弟为自己和卫青赐婚。当年卫子夫入宫的时候，平阳公主嘱托她显贵之后不要相忘。卫子夫果然没有忘记，也很愿意帮这个忙。

卫皇后转奏汉武帝，汉武帝亲自做媒，卫青娶了平阳公主，两人举办了盛大豪华的婚礼。同时，平阳公主还让自己和前夫生的儿子平阳侯曹襄娶了卫子夫和汉武帝生的女儿卫长公主。当时卫青上下朝，公卿大臣远远看见就要下车让路，立在道旁相迎相送。卫家的富贵荣华达到了顶点。

在把姐姐嫁给卫青后，汉武帝刘彻的内心严重不安起来。看着卫青权势冲天，仿佛"天下第二人"，汉武帝的猜忌心重新开始泛滥，又开始不信任卫家了。他想，即使卫青没有谋逆的想法，也保不齐被野心家利用啊！汉武帝开始疏远卫青：他让卫青调离前线军队，招至长安，高高挂起。而卫青过着恬淡平静的"寓公"生活，毫无怨言，和平阳公主相敬如宾，对汉武帝毕恭毕敬。汉书说"青仁，喜士退让"。

同时，汉武帝重用霍去病，让霍去病牵制卫青。霍去病"为人，少言不泄，有气敢往"，只知道行军作战消灭匈奴，在政治上很幼稚。汉武帝因此更加宠爱霍去病这个青年俊才了，着意培养，委以军事重任。卫青是大将军，霍去病是骠骑将军，又是万户侯，没办法再提拔他们了。汉武帝很有创意，新增了"大司马"的官职，让卫青、霍去病并列为大司马。卫青是大司马兼大将军，霍去病是大司马兼骠骑将军，待遇相同。

可惜霍去病大胜归来没几年，就在元狩六年（公元前117年）英年早逝了，只活了二十四岁。此后，汉武帝宁愿让许多军事行动所用非人，也不愿起用卫青重掌军权。卫青很聪明，干脆长期请病假不上朝，坚持韬光养晦。汉武帝还不放心，元鼎元年（公元前116年）以卫青的儿子宜春侯卫伉犯法为名，削去卫伉的爵位。几年后，卫青的另两个儿子阴安侯卫不疑和发干侯卫登因为献给朝廷的助祭金的分量不足或成色不足，被汉武帝削去爵位。至此，卫家"一门五侯"只剩下卫青孤零零的一个长平侯了。

卫青的"病情"随之越来越重。元封五年（公元前106年），一代名将卫青去世。

衰宠而尊

卫子夫知道,以美色为基础建立起来的感情,就像在沙滩上建高塔,迟早会倒塌的。

随着太子刘据一天天长大,卫子夫的容颜也一天天衰老下去。当卫皇后年老珠黄时,她也一样失宠了。

元朔六年(前123年),随着年轻貌美的王夫人的出现,汉武帝对卫子夫持续十五年的盛宠开始逐渐转移。之后,又有李夫人、尹婕妤、邢夫人、赵婕妤(钩弋夫人)等更替轮换着受宠。汉武帝喜新厌旧,一年下来难得见上卫子夫一面。

卫子夫这时做得很有水准,她并没有像阿娇那样打翻醋坛子,而是一直十分小心谨慎,以恭顺和体贴来保住汉武帝所余不多的温情。她知道自己出身寒微,又是容颜渐老,汉武帝宠幸那些年轻貌美的妃嫔在所难免,所以,她从来就不显现出妒忌。

尽管随着容颜的衰老,卫皇后尊宠程度在逐渐下降,正所谓朱颜辞镜,色衰而爱弛。但由于太子刘据,加之弟弟卫青及外甥霍去病为汉武朝立下的不世之功,威仪不泯,天下尊之,卫子夫的后位,没有人能动摇。卫子夫是一个端庄贤淑、温柔敦厚的女人,因为自己的卑微出身,所以她处处小心翼翼,阿娇的骄横在卫子夫身上找不到一丁点儿的踪影。正因为她这份谦卑与自知之明,才使得她稳坐皇后宝座三十余年。

除后宫诸事为卫子夫职责之内,汉武帝每每出巡游幸天下时,也将少府所掌宫中事由交予卫子夫定夺,把政事交给太子刘据。待汉武帝归来之时,卫子夫将重要的裁决汇报给汉武帝听,汉武帝从来没有异议,有的时候甚至免去卫子夫的汇报,可见汉武帝对卫子夫的信任程度。

卫子夫没有去花费很多工夫经营权势。她生性温顺,有礼有节,不爱惹是生非。她的弟弟卫青和外甥霍去病都是抗击匈奴的一代名将,建立起的赫赫功勋比任何言语都更具说服力。卫子夫只消相夫教子,以仁德和礼仪善待后宫嫔妃,博得文武百官和后宫上下的尊敬即可。汉武帝对这个母仪天下的贤妻也十分放心,虽然随着年华的流逝,她的美貌渐渐消退,但汉武帝面对她的时候至少能够心平气和,完全不是面对陈阿娇时的剑拔弩张。

深晓月盈则亏,水满则溢,盛极必衰道理的卫子夫宠辱不惊,凭借着平衡的心态,良好的德行及公正的处事,使她在宠衰之后,在卫青、霍去病相继离世之后的17年内,依然能够得到汉武帝的礼遇与尊重。

她也知道武帝对外戚心有余悸,所以她不希望卫氏一族过于显赫招摇。卫子夫对卫氏子弟的管教格外严格,她看出弟弟卫青的四个儿子都不成器,于是就流着眼泪向汉武帝禀告,请求汉武帝削夺卫氏子弟的封赏。汉武帝说:"我自有分寸,不会让皇后担忧的。"终于有一天,卫青的少子因为罪恶极大,依照当时的法律被杀,汉武帝就一并削夺了卫青其他几子的封爵。之后,出于对卫子夫的尊敬,汉武帝对一位大臣说,皇后肯定非常伤心，你马上到她那里去，安慰她，并代表我向皇后道歉。那位大臣回来禀报说，皇后非常痛苦，但也很感激皇上。

卫子夫的原则是待人和善，但如果这些与汉武帝的心意相悖，她马上就会顺着汉武帝。

调解矛盾：权力的润滑剂

汉武帝29岁的时候好不容易才有了第一个皇子，就是刘据。所以汉武帝格外珍惜刘据，努力将刘据培养成合格的接班人。刘据到了读书的年纪，汉武帝就给他组织了当时最好的师资力量，他在群臣中甄选出万石君少子、时任沛太守的石庆为太子太傅，又派德高望重的文学之士辅导他学习《公羊春秋》（《公羊传》），并让太子跟从当时专门研习《谷梁传》的大学者瑕丘江公受习《谷梁》。待到太子成年迁往太子宫时，汉武帝专程为刘据建了一座苑囿接待宾客，称为博望苑。

刘据慢慢长大后，汉武帝刘彻对这个太子却不那么喜欢了，因为刘据在许多问题上和父皇刘彻唱反调，这让汉武帝陷入矛盾中。太子刘据品性正直，为人宽厚，经常看不惯汉武帝手下的酷吏，于是致力于平反冤狱，虽然得到百姓的拥戴，却也触怒了那些酷吏。当时，对于太子刘据，"群臣宽厚长者皆附太子，而深酷用法者皆毁之"。

皇后卫子夫看着卫家遭遇到的挫折，也看到了儿子和丈夫之间的矛盾，心里很忧虑。卫子夫之所以能够在后宫复杂的环境中做了38年的皇后，除了和卫青一样谨小慎微、恭谨谦和的性格之外，还在于她遇事有主见，能够通过向别人施加影响来实现自己的目的。比如卫子夫知道卫青的几个儿子都不成器，怕他们风头太盛出问题，就多次请求丈夫刘彻不要封赏卫青的几个儿子，以退为进保护侄子。现在，卫子夫看到儿子得罪了部分贪官和酷吏，还不断地违背丈夫的意思，就经常把儿子叫来劝诫："作为太子，你要经常揣摩父亲的心思，理解父亲的意图，按照父亲的要求去做，而不能擅自做主，做一些与父亲的想法不一致的事，比如平反冤狱。这本是你父亲制造的冤狱，你却给予平反，这不是否定你的父亲吗？"果然，汉武帝并不喜欢太子刘据的"仁政"，但他仍声称太子的做法正确。可惜，刘据沉溺于儒家说教，对母亲的忠告同样听不进去。他反而更进一步，劝谏汉武帝停止与周边民族的战事。武帝雄才大略，好大喜功。而皇太子却秉性仁慈，温厚恭谨。父子性格、志趣相悖，矛盾越来越深。

这时的汉武帝早已另有新欢，卫子夫被冷落后宫，他们之间完全谈不到任何的温存与缠绵了。看到汉武帝对刘据越来越冷淡，朝中大臣对太子又是毁多于誉，卫子夫对此感到不安，汉武帝知道后，就叫卫青传话宽慰她：

"现在汉家基业不稳，又有匈奴犯境，天下不安；太子敦厚好静，善待百姓，必能守业治国，为朕解忧。欲求守文之主，还有谁比太子更贤德？我听说皇后与太子有不安之意，你把我这番意思告诉他们吧。"

卫子夫听到这话后，感激得热泪盈眶，马上脱去头上的簪饰去向汉武帝请罪，表现得非常谦恭。她调解着矛盾，成为权力的润滑剂。

巫蛊祸起

进入晚年后,汉武帝身体越来越不好,长年累月逗留在城外的甘泉宫中。父子二人见面的时间和次数越来越少了,本来就有的小矛盾,因为疏远恶化成了巨大的隔阂。这种情况下,最怕小人挑拨离间,却偏偏就有小人和刘据过不去。酷吏江充依靠不断地检举他人、刑讯逼供,得到武帝重用,一步一步爬了上来,但刘据很讨厌他。江充和太监苏文等人担心太子继位后自己会受到惩办,就勾结起来,阴谋扳倒刘据。

汉武帝在位的时候至少发生了三次影响较大的巫蛊事件,第一次事件让阿娇进长门宫,卫子夫得益于这次巫蛊案,荣升皇后。第二次巫蛊案使得卫家的男女老少死掉一半。而第三次巫蛊案,卫家满门抄斩,卫子夫悬梁自尽,太子刘据不得已起兵造反,最后走投无路也自杀身亡。对于卫子夫而言,可谓是成也巫蛊,败也巫蛊。

公元前92年,汉武帝的病情加重了。江充就奏言,皇帝的疾病根源在于有人利用巫蛊暗算皇上。多疑的汉武帝便命江充为使者,查办巫蛊一事。

江充先是在长安城作威作福了一番,抓去一批无辜老百姓,对他们进行酷刑逼供:残忍的酷吏们把烧红的铁条放在所谓的犯人身上烙,用铁钳去拔犯人的头发、牙齿甚至生殖器。是人都受不了这种折磨,于是他们只好"自动招认"。至此,天下人心惶惶,京师三辅更是笼罩在一片惊恐氛围之中。

江充这样做的目的是使汉武帝确信自己的病是由巫蛊引发的,为把毒手伸向太子和皇后铺路。

巫蛊案子破了一个又一个,但汉武帝的病情却不见好转。公元前91年的夏天,汉武帝在甘泉宫常常做噩梦。江充又趁机进谏说,汉武帝染疾,实乃巫蛊为祟。而且煞有介事地奏告武帝:"臣看皇宫之中,弥漫着巫蛊之气。根据我们的精密调查,巫蛊的大本营就在皇宫。"就是说,可能是宫廷里面有人从事蛊道祝诅,需要加大勘查的范围和办案力度。汉武帝便敕令江充到他的后宫中查处,命韩说、章赣等协助江充。

江充首先查办那些被汉武帝冷落的不幸女子,就是贵为皇后的卫子夫也不得不接受江充的盘查。这就拉开了第三次巫蛊事件的大幕。

老奸巨猾、阴险狡诈、恨不能将卫子夫母子千刀万剐、碎尸万段的小人兼刽子手江充,得到查办巫蛊的"尚方宝剑"以后,便入宫大挖特挖,连汉武帝的宝座周围都掘地三尺。

征和二年秋七月,江充终是将铁锹挖到了太子东宫,皇后卫子夫已经吓得不能站立,需要扶着才能够站稳,但太子刘据一副泰山压顶不为所动的样子,他相信不做亏心事,不怕鬼敲门。

正常真实的搜查当然搜不出什么东西,只是江充在大搜捕之前早就派人偷偷地把桐木人藏在了太子和皇后的居所。

江充派出去的酷吏把太子和皇后居住的宫殿翻了一个底朝天，终于在太子宫的挖掘中有了"重大发现"。江充等"专案组"成员和胡巫们挖到了用来诅咒的桐木人和一卷帛书。帛书中写着一些乱七八糟的符号。经过江充和巫师巫婆们的"翻译"，帛书上的内容是诅咒汉武帝刘彻早死。

卫子夫当场晕倒在地，刘据也大惊失色，他大叫着"这是陷害，这是阴谋"。

太子刘据欲往甘泉行宫辩白，澄清事实，却遭江充等人的限制。

激 变

这帛书不是太子刘据弄的,但却是在他的宫中被挖出来的,因此刘据是纵有百口也难辩。江充则挥舞着"战利品",得意扬扬,要去禀报汉武帝。刘据已经和父亲有矛盾有隔阂,相互不信任,所以他非常担心:"如果让父亲看到我诅咒他的木人和帛书,他会不会废掉我呢?"刘据甚至开始担心父皇会杀了自己。万分惊恐中,刘据急忙找来他的师傅石德商议对策。为了保住刘据的太子地位,石德等人采取了危险的对策。太子刘据被逼到这般地步,也只有铤而走险了。于七月壬午,太子刘剧假传皇帝的圣旨,将江充缉命,并将其处死,韩说也被斩杀。而协助江充办理此案的御史章赣逃出,去往甘泉行宫见汉武帝。因为事出仓促,跟着来查案的太监苏文也逃走了,跑到甘泉宫,向汉武帝报告说太子造反了!

刘据杀死一帮小人后,才发现,自己已经没法回头了。万般无奈的刘据只好举兵造反,夺取帝位。他树起"清君侧"的大旗,聚拢力量,控制长安城。

刘据派太子舍人无且率领一队武士,持皇帝的纯赤色符节赶到未央宫,与皇后卫子夫联系。卫子夫本不想造反,可是面对儿子派来的武士,知道箭在弦上,不得不发了。她对丈夫的不满和对儿子的爱全都转化为冒险的积极配合——卫子夫下令把皇后的车马拉出来,运载了弓箭兵刃,还将皇后中宫的侍卫车马和长乐宫的侍卫车马全都交给了儿子,并打开了武器库,取出武器,由刘据分发给众人,真正地踏上了武装叛乱的道路。

这场被称为"巫蛊之祸"的政变就此爆发了。

正在甘泉宫养病的汉武帝听说太子起兵,顿时龙颜大怒。汉武帝赐诏刘丞相:"以牛车为死,毋与叛贼短兵相接,用弓弩射杀。坚闭城门,毋令反贼逃出。"

武帝抱病移镇长安城西的建章宫,征发长安一带的军队,由刘丞相统率,镇压叛乱。太子刘据势单力薄,便赦免长安城中的囚徒,把他们武装起来;又征发长水、宣曲两支少数民族骑兵,与丞相指挥的军队大战于长安城中。混战了五日后,尸骸遍地,鲜血淹没了街道。

混战的结果是,刘据一帮人寡不敌众,遭到了血腥镇压。刘据的老师石德等得力将士全部战死。

刘据带着自己的两个儿子狼狈出逃,逃出长安城,来到湖县,投奔他的一个老部下。老部下舍身相救,带他们到湖县泉鸠里(今河南灵宝西部与陕西交界处的泉里村)的一户农家藏匿了起来。收留太子刘据父子三人的农夫家非常穷,一家人连温饱都解决不了,收留太子父子后,生活就更难以为继了。刘据突然想起认识相邻新安县的一个富豪,就幼稚地传信给他,希望能够得到接济。

当时汉武帝已经下达了全国通缉令,所以,太子的老朋友接到信息后,立刻就向本县官府告发。湖县的县令也是一个酷吏,见生意来了，便迫不及待地率兵捉拿逃犯刘据。

刘据和老部下奋起反抗，最终寡不敌众，彻底失败了。

刘据的两个儿子为了掩护父亲上前搏斗，都被官兵杀害。老部下也命丧黄泉。

走投无路的刘据，在房中悬梁自尽。留养他的泉鸠里百姓亦为太子格斗而死。

三十八年尘与土

刘据叛变时,卫子夫坐卧不安,茶饭不思,夜不能寐,噩梦不断。不久,令她绝望的消息一个一个地传来:太子刘据兵败!逃亡!生死未卜!

卫子夫自己也卷进了这起巫蛊案中,她预感到悲惨的结局即将来临,可是她怎么也想不通的是,自己辛辛苦苦三十多年侍候汉武帝刘彻,打理后宫,没有功劳也有苦劳,结果却弄得个陷害丈夫这样一个大逆不道的罪名。呜呼,人间还有清白乎?人间还有王法乎?

政变平息后,震怒的武帝诏遣宗正刘长乐、执金吾刘敢去长乐宫宣诏,收去皇后卫子夫的册书和玺绶。

没收了皇后玺绶,下一步就要废掉卫子夫的皇后之位。

但卫子夫先其一步,以三尺白绫绕过梁顶,引颈自决。卫子夫是一个柔弱胆小的女子,却以如此刚烈的方式离世。

死后的卫子夫,平静、安详、冰冷。

本为江充爪牙的太监苏文找了口薄棺材,将卫子夫草草埋葬在长安城南的桐柏亭,直至汉宣帝即位以后,才下令将她厚葬,追谥为"思皇后",另置园邑三百家,并派员奉守她的墓冢。

偌大的未央宫在经历过一场血色浩劫之后依旧壮丽而重威,

第三章 卫子夫：从灰姑娘走到女神

只是长秋门后的中宫椒房殿，再一次失去了主人，直到汉昭帝即位。夜夜凉风，园亭景物渐萧疏。

那一年，她是平阳侯府温婉娴静的歌姬，有一颗天真柔软的心，眉目可入画，青丝如云。总盼着有朝一日脱离奴籍，得遇良人，从此琴瑟和谐，一世静好。

那一年，他是未央宫中血气方刚的年轻帝王，风流倜傥，壮志凌云，总盼着有朝一日北击匈奴，开疆拓土，成就大汉王朝的千秋霸业。

平阳公主的筵席上，她含羞低首，如水一般的温柔，牵动了少年君王的心。可是，及至垂垂老矣，她才知那不过是命运一个最残酷的微笑。

那一年，她遇见他，仿佛在丛生的杂草间幸遇一株参天大树，那么伟岸，那么挺拔，那么令人仰慕。

那一年，他遇见她，仿佛在满目的牡丹中发现一朵素心白兰，那么淡雅，那么轻柔，那么令人心动。

那一袭素衣，不张扬，不妩媚，颔首低眉，举手投足，俱是温柔。高高在上的他，莫名地触动了一下心弦。

尚衣轩里，他拥她入怀，轻轻抚过她如云的秀发，无限温柔地说，我会给你一切。

尚衣轩里的一切都是水到渠成，都是公主的预先设定。

她将一生交付于这个至尊男子，虽然明知不可为，却是那样地义无返顾。而后，背负着平阳公主"苟富贵，勿相忘"的殷殷嘱托，告别了公主府第，坐上华贵的车辇，她以为即将赶赴的是一场命定的甜蜜相恋。那个男子是普天之下的九五至尊，也是她唯一的也是最坚实的依靠。

可是，走进了深不见底的未央宫，无数个清冷的夜里，她倚窗望月，独自思量，不觉泪盈双睫。彼时，她尚是天真稚嫩的年纪，并不知这深宫之中，发生过多少惨烈的故事，埋葬过多少绝望的眼泪。只是傻傻地以为，那个得到了她身子的尊贵男子，会履约而来。殊不知，一入宫，便是再也不见。那个娇纵尊贵的女子，着一袭暗花金丝凤尾裙，裙摆散开如莲花，自屈身行礼的她面前走过。低垂的视线里，只看见裙摆上盛开的硕大而缤纷的花朵。而她的容颜耀眼得如同春日最娇艳的那一株牡丹，迎风绽放，不容亵渎。

卫子夫越发不自信，是的，女神也有自卑的时候。

她的心中暗生苦涩地想，自己不过是痴心妄想。一个小小歌女岂能被皇帝陛下放在心上，平阳侯府中风光旖旎的尚衣轩，之于他，不过是一场美的艳遇，微不足道。

她终于有机会再见到他。他威严昂然地端坐于高处，她却莫名其妙地想起尚衣轩里那一阵隐约的香气，于是，忽地溅下泪来。原来，她发现自己是这样强烈地爱他，比她所知道的更爱他。

匍匐在地，她纤弱无助的姿态再次触动了他，而她温柔体贴的性情博得尊宠日隆。

那是他最需要她的时期。后宫中许以金屋藏娇的皇后阿娇骄纵善妒，朝堂上扩大娘家势力的祖母窦太后为所欲为，而自己的母亲王太后，竟赐死了与他既为知己又是情人的韩嫣。于他而言，那个清艳张扬的男子，不仅有幼时一同学书练字的情谊，亦不止肌肤相亲同起同卧的亲密；较之宫中浓妆艳抹却见识短浅的女子，韩嫣显然更为独特也更为重要，所以他给了他上大夫的尊荣，让他乘坐天子銮驾，甚至容忍他与后宫女人暧昧不清，然而这一切，在王太后眼中，俱是忍无可忍，于是，韩嫣服毒而亡。在那一场铺天盖地的孤独里，他近乎无望地索求着她的温柔，那是他唯一的慰藉。

她接连产下三名公主，受封夫人，阖家显贵。而后，陈皇后因"惑于巫祝"罪名废黜后位，退居长门；而后，承宠十年的她终于为他诞下皇长子刘据，母凭子贵，未央宫椒房殿迎来了新主人。时隔千年，那一刻，韶华胜极的她是怎样的心情，已然无从得知。只怕，未必是志得意满、目下无尘。这个平阳侯府家伛者出身的小女子，纵然执掌后宫、母仪天下，纵有弟如卫青、甥如去病，纵被民间传颂"独不见卫子夫霸天下"，从始至终，低眉颔首，谨言慎行。

或许，若不是如此，就不是卫子夫了。

由一介歌伎，一跃成为大汉最高贵的女人，卫氏亦成为显姓贵族。可是，身为皇后，她要为后宫各人准备侍寝事宜。为他，她深爱的男人，物色美貌的年轻女子，充盈后宫，听凭他来召幸。她以为自己可以超脱地做这一切，事实上，她也真的做到了。她早已不复昔日天真，一切尊荣，皆凭帝王恩赐，亦可由帝王收回。当年出身高贵、不可一世如陈阿娇，还不是因开罪了刘彻而困守长门，折损了满身傲骨买来一篇《长门赋》，亦唤不回昨日温情？她不能做陈阿娇，她的身后有卫氏满门、有一儿三女，她不能走错一步。

时光流逝，美人终会迟暮，当年在铜镜里曾如莲花一般娇艳美好的容颜，渐渐枯黄了。这样的脸不会再受到他的爱抚，她的身边再没有了他，她只能在镜中对着自己微微苦笑。自幼卑微的身世，让她始终保持着如水一般的温柔与不争，唯有将忧伤锁进眉间。

这段长达数十年的夫妻关系，于刘彻，无所谓爱或不爱。于子夫，却是爱的深沉。承宠、入宫、生子、封后、嫁女、罢黜，四十年来，她何曾有过自己真正的选择？一切都是旁人安排，一切都是命运主宰，不能抗议，甚至无从后悔。纵使心中有爱，亦不过是一场如履薄冰的爱情。

失宠，失爱，一切皆是早已注定的事。只是，她的心还是爱了，但只能默默地，永不出口地爱并期待着。卫子夫不是阿娇。其实，高贵如阿娇，最后亦只能幽居长门，抱恨而去。还记得初听得消息时，她恍惚忆起那一幅金色的裙裾，无比优雅地走过未央宫青色的地板。于是，她从心里为之叹息。其实，她懂得，那个骄傲的女子，身份虽与她如云泥之别，却也不过只是一样的心思。爱，全是因为爱。只是，因之出身高贵，故而不肯屈服。拼将玉碎，不能瓦全。而她，看惯世情，反而懂得隐忍，这样总能保得一个瓦全。

她以为，一切就止于这样了。纵然色衰而爱弛，亦能安稳百年，她很知足，也很安分，殊不知，旁人不能像她一样安分。

巫蛊之祸，一切成空。眼睁睁看着太子刘据、诸邑公主、阳石公主、卫氏子弟一个个走上断头台。她大哭，流尽了所有的泪，这一刻，心伤若死，她才终于明白命运尽头的狰狞，原来她爱他，比想象中更爱，爱得她承担不起。所以，这伤也更痛，

芈月式宫廷传奇

美人卷珠帘 深坐蹙蛾眉

痛彻心扉。四十年夫妻,最后不过如此。

百炼成钢：永远不能被下位的女神

这场父子、夫妻之间本不应该发生的悲剧以皇太子刘据和卫皇后的惨死而告结束。满朝大臣中凡熟知内情的，皆为卫皇后母子鸣不平，但没有一人敢向武帝进谏。倒是一个名叫狐茂的小官在太子尚未自尽前就斗胆越级上书汉武帝，为太子辩冤。他说："江充倚仗皇上的威势胁迫皇太子，太子进不得见皇上，退则为奸臣所困，无法向皇上诉明冤情，愤而杀死江充，惧而逃走他乡。望陛下不要怪太子犯的错误，立即停止用兵，不要让太子长久逃亡在外，以至于落入奸人的圈套。"

汉武帝阅罢狐茂的奏章，意识到也许是错怪了太子，但他一向刚愎自用，独断专行，不肯马上认错。

老百姓们对死去的刘据很有好感，对他的死都很同情，并相信刘据不会用木偶人诅咒皇上。过了几个月，查出所谓巫蛊之事，实为江充故意陷害东宫，汉武帝这才知道太子确实无辜。

民间的舆论开始朝着更有利于刘据的方向发展。汉武帝刘彻冷静下来后，也开始相信儿子刘据起兵主要是被逼自卫，并没有谋害自己的意思。关键时刻，负责守护汉高祖刘邦陵寝的高寝郎田千秋上书为刘据犯颜直谏，扭转了整个局势。他写道："儿子对着父亲舞刀弄枪，应该受到鞭笞。如果皇帝过失杀死了太子,那又应该做何处理呢?"汉武帝对田千秋的上书非常感慨,也非常重视。出乎众人意料,田千秋竟然因为这次上书而被擢升为丞相。

为替太子报仇,汉武帝又搞了一次大屠杀,将江充一家灭族,把助纣为虐的苏文绑在黄桥柱上,纵火活活烧死。

最终,征和二年的巫蛊之祸,刘据用自己的生命交换了汉武帝晚年一干奸臣贼子应有的惩罚。祸起之初,冤魂数万,天下惶惶;祸结之时,血染长安,天下戚戚。

汉武帝杀奸人后不久,又下令在太子殉难的湖县树起了"望思台",在长安城也建造了一座"思子宫",寄托自己的哀思和悔恨。至于同样被他逼死的妻子卫子夫,他却始终没怎么流露出追悔之意。

应当说,阿娇和卫子夫都曾戳中过汉武帝的柔肠。她们各具特色,很难说哪一个完胜另外一个。陈阿娇有金枝玉叶的风范,举手投足间富贵大气,虽说性格有点娇蛮跋扈,但标致的容貌和雄厚的政治资本弥补了这些不足。如果不是她十余年未能生育,汉武帝没必要把她废黜。卫子夫温婉贤淑,谦逊有礼,为汉武帝生育几个子女,其弟弟和外甥又是才能出众的辅国之臣,汉武帝在她年老色衰后仍对她十分尊重。如果不是晚年陷入大冤案,卫子夫本应该以皇后身份寿终正寝。卫子夫一生虽未插手政事,然因她所兴之人却对孝武、孝昭、孝宣三朝做出了巨大贡献及深远的影响。得以"长平桓桓,上将之元""封狼居山,列郡祁连""虽周公、阿衡,何以加此"的高度认可与赞扬,光辉远远遮住了这个同时代至尊的女子。

卫子夫的一生从香汗淋漓的温存中开始,在鲜血淋漓的残酷中结束,她带给卫氏家族长达三十八年之久的荣耀,也带给卫氏家族瞬间的毁灭——满门抄斩,汉武帝不久就下令屠灭卫家三族。《汉书》说,至此"卫氏悉灭"。唯一保全下来的是太子刘据刚出生没几天的孙子刘病己,他就是后来的汉宣帝。

汉昭帝崩后,刘据之孙刘询即位,即汉宣帝;是为刘据一脉,即与卫子夫一脉相沿。

有人根据《汉书·外戚传》"及卫思后废后四年,武帝崩,大将军霍光缘上雅意,以李夫人配食,追上尊号曰孝武皇后。"一句认为,卫子夫自杀前被废,这是非常错误的。

《外戚传》中但凡被废的皇后均在个人篇幅内交代被废事宜,改称"废后"并以此结束。而卫子夫传记部分则从开始到结束,无论是自杀、追谥都未曾出现一个"废"字。全篇以"孝武卫皇后"开始,间以"子夫""皇后""卫后",并以"思后"结束。

卫子夫在晚年突发的遭遇里,表现出过人之处,她在皇后的玺绶刚刚被收缴之时,废后诏书还没有来得及下达,就先行做了了断。

她保存了皇后之名分。

这是一份胆识,也是对自身尊严的维护。

由是,这位女神便百炼成钢,永远不能被拉下位了。

长夜未央，好梦由来最易醒

卫子夫由灰姑娘成为女神的传奇经历，固然有幸运因素，但也离不开她自身的努力与奋斗，虽然她在晚年因不可控的因素，以悲剧收结了人生。

世人眼中的卫子夫完美得像一尊偶像，把其他同性映衬得平淡而局促。在人生的经营中，她付出了远超寻常女子的努力与勤奋，这也是她与陈阿娇之间最大的不同，陈阿娇始终是朵仰仗他人的菟丝花，受不得货真价实的辛苦，离不开喧嚣的豪华社交场合和男人的爱情。而她，享得福也受得苦。

如果说卫子夫爱得聪明，她的聪明之处便在于此：她早早明白了谦逊柔和的道理，以宠辱不惊的心态，面对着后宫里一个个涌现出来的情敌，这让卫子夫征服了皇帝丈夫的心，如果不是意外惨祸，她必然是安享尊荣至生命最终。当然对于当下的女性，毕竟不是身处卫子夫那样繁难的复杂处境中，命运是可以掌握在自己手中的。

有一种说法，在每个女性的心中都有一个女神的梦想。但女神是轻松做得到的吗？花在饱读诗书上的时间不比保持身材短，用在规划人生上的工夫不能比梳妆打扮少，只有如此，方能是漂亮而有教养的。

半月式宫廷传奇

　　以歌女的身份一跃成为大汉朝的国母，专宠后宫，做了38年的皇后，这让卫子夫成为一代女神，而且是千载难逢的女神。在汉武帝一代，卫子夫得幸，卫氏一门亦鸡犬升天。但在这位女神在风光无限即将高升皇太后的时候，却以卫家灭门的惨剧收尾。美艳绝伦、安于后宫的卫子夫也在晚年被逼自缢身亡，她的死是无辜而令人同情的。

　　二十多年的绚烂爱情，四十多年的荣华富贵，一瞬间灰飞烟灭，正所谓造化弄人，令人扼腕。假使生命可以重来，假使再给卫子夫一次选择，她还会选择与汉武帝相遇吗？

　　答案应当是否定的。

　　三尺白绫，了断今生。她恍惚看见那一年，陈皇后妒她受宠，变着法儿折磨她，他知晓后眼中流露的疼惜。而今，他还会为她的死，流露一点点的不舍吗？不会了吧，她早已不在他的心上，她只是大汉的皇后、太子的母亲，一旦失去了他的信任，便万劫不复。未央宫璀璨辉煌的夜幕下，孕育了多少美梦，又沉淀过多少噩梦呢？之于她，生命华美的衣袍下只有真实的晦暗，走到尽头又何尝不是一种解脱。

　　悬心半生，小心半世，最后只为他人做嫁衣。

　　最终，只是一场空，了然如一梦。

　　所有的荣耀，都仅仅是昙花一现。

　　她该有多怨恨？早知如此，还不如隐于乡间田林，与一凡夫俗子，好好爱一回，也不负那曾经如春花般柔美的容颜。

　　不论有多少光环和荣耀，但卫子夫，从始至终，都在内心里认为自己只是个小女子，纵然贵为皇后，亦不曾真正挣脱平阳侯府家讴者的出身。她一生战战兢兢，却还是摆脱不掉厄运的追随。

原来，这位汉代女神活得好辛苦。

若有来世，请让她成为最平凡的女子，拥有最平凡的命运吧。霸天下，不若霸占一个男子的心房，将一生托付与他收藏，由他妥帖安放、细心保存。从此，远离惊惶，远离苦楚，不必四下流离，不致无枝可依。

当卫子夫在暮鼓晨钟里回眸，看一季荒芜，铅华淡薄，湮没了这些年的情深缘浅。一片纷扰的痴心，化作尘埃里的忧伤，消瘦了时光，失去了旧时模样。卫子夫用深情，乱了他的浮生。红尘邂逅，听风入梦，不问人散曲终。再一次听风，几许苍凉，梦已非梦。凋谢的时光，曾有柔情缱绻，萧曲吹离殇，低吟浅唱。潋滟一缕幽香，泪眼婆娑的薄凉，恰似如水年华里曾有一段美丽的萍水相逢。

第四章

王昭君：那一场华丽的复仇

绝艳惊人出汉宫，红颜命薄古今同。
人生若容早相见，不须远适胡沙漫。
画角声中，牧马频来去。满目荒凉谁可语。
西风吹老丹枫树。
从前幽怨应无数。铁马金戈，青冢黄昏路。深山夕照深秋雨。
肝肠寸断出塞曲，惊得胡雁落平沙。
汉武雄图载史篇，长城万里遍烽烟。
何如一曲琵琶好，鸣镝无声五十年。
香碑立字昭君名，春草还将青冢生。
千秋魂魄随烟萦，一曲琵琶幽怨情。

美女杀手

命运弄人,王昭君人生初期的道路并不顺畅。公元前36年仲春,王昭君泪别父母乡亲,登上雕花龙凤官船顺香溪,入长江,逆汉水,过秦岭,历时三月之久,于同年初夏到达京城长安,为掖庭待诏。

此时,王昭君虽然是锦衣玉食,住的是绮窗朱户,但不过是笼中之鸟、池中之鱼而已。皇帝后宫佳丽三千,要轮到王昭君不知什么时候,因为汉元帝每年都从全国各地挑选秀女入宫,经年累月,人数已近两万。

乱花渐欲迷人眼,怎么才能临幸到最美丽的佳人呢?汉元帝就让画师把待诏宫女制成图像,随时把美人图挂在墙上壁间,闲暇时便细细品评。担任此美差的画家毛延寿,靠着绘图工具,很是饱览了一番天下秀色。皇帝的女人,他可没有胆量动,可他敢动那些女人的钱包。

西汉后宫有严格的编制系统。元帝在前代后宫十级的基础上,扩大为十五级。级别不同,待遇有别。昭仪位比宰相,爵比亲王;婕妤位比上卿,爵比列侯。最后一级的待遇也比宫女高得多。宫女是没有品级,不进入编制的。因此,很多宫女为了提高自己的待遇,千方百计地挤进编制之中。而最佳的路径,

第四章 王昭君：那一场华丽的复仇

就是得到皇帝的宠幸！所以出身富贵人家的宫女，无不动用各种渠道贿赂毛画家，就是那些没有后台、头脑灵活一点儿的宫女，也会想方设法巴结毛画家。王昭君初入宫廷，不懂这些规矩，后来知道了其中的秘密，却不屑那样去做。一方面，她为人正直，对献媚的手段，不屑一用；另一方面，她自信凭自己的容颜，画成像递交给皇上，自会得到宠幸。

画像那天，满殿萧瑟的西风，寒意凉薄，木樨的清华隔水散去，幽深的大殿深处，宫装美人端坐如神祇。王昭君施了个淡妆，玉簪斜插，嫩绿线带将腰束成一握。披曳着江之北的山光水色，那一份明艳之美，敛于自然，纳于星月，佳丽三千皆无从超越这份超凡脱俗的美。见过无数美人的毛画家，实在惊羡王昭君的美丽绝伦。动笔前，毛延寿向王昭君吹嘘道："世上各色人等，没有我这支笔画不了的！传神写照，栩栩如生，笔到即成，到时候皇上就会按图索人了。"然后，他放下手中的笔，暗示王昭君把银子或者金子放在桌子上。哪曾想，不谙世事险恶的王昭君，丝毫举动也没有。

毛延寿见王昭君不理，便直接要："我们这些画画的，自然比不上你们这些宫女。你们一旦被皇上看上，吃的穿的喝的用的，什么都有了，更不用说还有享不尽的荣华富贵，父母兄弟也跟着封王封侯。我们呢？皇帝用着的时候不敢不来，皇帝用不着的时候不敢怨恨。全凭画画挣几个钱养家糊口，真不容易啊！姑娘，你看，如果你想得到皇上的恩宠，我就给你好好画。"

清高的王昭君这时已经听出了弦外之音，但她还是拒绝了。完全不屑于人心险恶的王昭君，执着于一身傲骨，清高于世，清白做人。她回之的，是冷冷的轻蔑一笑。

命运就这样给王昭君开了一个大大的玩笑。毛延寿决定好好画，当然是好好地把王昭君画丑。他的笔只那么戏谑性的一点，本该貌美如花的女子就在瞬间暗淡下来：左眼下一粒豆大的泪痣挡住了王昭君绝世美貌焕发出的所有光芒。

　　汉元帝看到王昭君画像上的丧夫泪痣时，以为她是个不吉的女人，便将画像扔在了一边。王昭君失去了一次绝好的机会。此后，五年多过去了，她仍是个待诏宫女。

　　毛延寿堪称是史上最厉害的美女杀手，就这样轻轻几笔，便毁掉一个绝代美女最光辉的五年。

五更哀怨

五年后，王昭君依旧还是以前的王昭君，风华绝代，云鬟雾鬓，光彩照人，两道黛眉轻颦微蹙，只不过多了一丝幽怨。

王昭君虽然幽怨，但却并没有绝望，只要还活着就没有理由绝望。然而，韶华易逝，这无休止的等待什么时候是尽头呢？

自叹人生皆有定，王昭君本想做命运的主人，不料命运却先替她做了主。

在后宫，为后为妃，可高高在上，一家皆富贵冲天，而宫女则命贱如蚁，命薄如纸。王昭君入宫已多年，只因拒绝了画师的索贿，至今未能出永巷一步。永巷离皇帝的大殿并不遥远，每天玉辇经过，丝弦奏响，长夜歌舞不绝。那种咫尺天涯，令人万般无奈。柔肠寸断，悲怨似海，永巷内不断有宫人发疯和自杀。王昭君初时的自矜，渐渐在无人理会的寂寞冷落中凋零。只因心高气傲，终使明珠蒙尘。转眼间，竟已是五年岁月萧萧成过往。可叹至芳华已逝，却不识天子面。曾经热切的希冀，越来越弱。长夜凄冷，让人无眠。披衣上高楼，望断天涯路。汉宫灯火，犹映眼底，照彻出她眸中的那份不甘。偌大的未央宫，她的宿命真的如蝼蚁一般渺小、如尘埃般卑微吗？绝望的挣扎呼告不如一阵风，风尚且能吹开一丝一毫的涟漪，能惊动一阵气流一方天地。而她的存在，以及为这寂寞岁月所做的每一寸挣扎，都如一粟之渺于天地，如蜉蝣之暮死朝生。终在荒芜之后，她对于这无人问津的生活，从绝望到恐惧，深入心扉。

不，不，王昭君要改变这一切！天边流星的坠落，似乎在告诉她答案，纵然粉身碎骨，也要那一刹那的光耀夺目。这也是一种胜利，一种超脱。

愿为黄鹤兮归故乡

匈奴是我国北方一个强大的游牧民族。汉匈之间的关系一直时弛时张。在汉武帝即位（即公元前140年）以前，因国力较弱，汉朝对匈奴的政策是和亲，为的是换取北部边境的暂时安宁。王昭君虽然身居宫中，对于汉匈两族关系，也有所耳闻。竟宁元年（前33年）春，汉元帝为庆贺郅支伏诛和呼韩邪入朝而改元"竟宁"。呼韩邪单于当面乞求和亲，并为表示诚心，呼韩邪单于给这位西汉皇帝带来了大批骏马和他们的奇珍异宝。汉元帝很少理会国事，对于打仗这样的事当然不希望发生，如今南匈奴单于前来和亲，他自然乐不可支。但元帝舍不得自己的亲骨肉，他觉得前代已有取宫室女子充作公主嫁给单于的先例，不妨从后宫中随便选择一个未曾召幸的女子，册封她为公主，顶替真正的公主嫁到匈奴。

于是，他诏令："谁愿意去匈奴，朕就把她当公主看待。"在汉代的女子看来，出塞是一件极不寻常的事，所以多数宫女犹豫不决。那么遥远而荒芜的大漠，宫里的女人们宁愿做白发宫女，也没有勇气离开本土远嫁匈奴，她们想到了细君公主的故事。汉武帝时，朝廷为了联络乌孙国共同抗击匈奴，把江都王刘建的女儿细君公主远嫁给乌孙王昆莫。昆莫当时已经年迈，夜晚独居外帐中。细君悲伤远嫁，又面对老夫，再加上语言不通，整日悲愁哭泣。她作《黄鹤歌》一首向汉武帝告哀：

吾家嫁我兮天一方，远托异国兮乌孙王。
穹庐为室兮毡为墙，以肉为食兮酪为浆。
居常思土兮心内伤，愿为黄鹤兮归故乡。

汉武帝写信劝她以国事为重。后来，昆莫死去，细君公主要求回归大汉，汉武帝又传旨让她依照当时的风俗嫁给了继立的君王。

王昭君非常明白一个道理：只有抓住契机，才能获得转机。

王昭君当然知道细君公主的事，但她更知道流星的胜利。王昭君要的就是争取一次出现在皇帝面前的机会。与其荒废一生在那个凄清冷寂的后宫里，倒不如豁出去赌一把。那么出众的清丽与优雅，她会让皇帝过目不忘的。因此，她不屑地浅笑着，说自己要代替公主去和亲。

"远嫁匈奴即能保大汉和匈奴安居乐业，"想到边境兵荒马乱、妻离子散的场景，王昭君热血沸腾，"不枉我知书达理，不弃我天生丽质，我要远嫁匈奴为民造福。"

元帝闻讯后十分欣慰，当即允诺，并吩咐准备嫁妆，还特意选择吉日，举行盛大的宴会，为呼韩邪单于和王昭君送行。

第四章 王昭君：那一场华丽的复仇

华丽的复仇

命运许她一世的华贵富丽，将无上的荣耀，赋予她年轻的生命。然而，代价却是她此生永远的离殇，孤单的魂魄从此流浪在一个叫作匈奴的地方。她并非意气用事，只是不忍看着自己如花的青春尚未开放便萎谢。所有的人都以为她感伤的是花事，却不知，她在乎的只是哪怕一瞬间的芳华。可岁月回报她的，只是死寂的无人问津。正因为这份不甘、这份不屈，所以她以美貌为剑，剑锋所指，是那被荒芜的年华。那一瞬间，她的美艳将令天地覆翻。这就够了。她只要复仇了，就快意得很。

那天早上，王昭君为自己上妆，点绛唇，插玉钗。妆成后，揽镜自照，独赏自己描画下的绝世姿容的脸，也在回首着那被辜负被浪费的大好年华，同时审视着内心的伤痛、怨恨与决然、凛冽，还带着对作恶小人的不屑一顾。

然后，王昭君随着黄门太监和宫娥离开了她住了五年的小院。前面两个黄门手执凤羽豹尾，后边两个黄门托着香烟缭绕的香炉，昭君的身后跟着四个靓丽的宫娥，一行人朝未央宫大殿缓缓走来。

呼韩邪和汉元帝都等得有些着急了。这时，太监报告说来了。汉元帝命撞钟击鼓，奏乐吹笙，顿时乐声四起，一片喧嚣。

王昭君从从容容地迈上玉石的台阶。她敛眉低首，等待着那个一生中最为快意恩仇、扬眉吐气时刻的到来。

　　走进大殿，黄门和宫娥闪在一边。昭君看见了坐在正中的汉元帝和呼韩邪，也看见了分列两旁的汉匈文武大臣。她不慌不忙，缓缓地上前行礼："臣女王昭君叩见陛下。"汉元帝命她给大单于见礼，昭君又向着呼韩邪，说："见过大单于。"汉元帝便让她站起来回话。

　　王昭君款款地站起来，原本低着的头昂然抬起。只那一刹，她期盼的那一刻，终于到来，堂堂金殿，为她风云突变。一时间，仿佛有万千艳光从她身上迸射而出，令金碧辉煌的汉宫，顿失颜色。文武大臣都被她那绝伦的美艳惊呆了，单于只顾了贪看昭君的美貌，忘了说话。他的眼睛放出了从未有过的光亮，他觉得眼前的情景就像暗夜的草原陡然升起一轮月亮，她太美了，能得到这样的女子，纵然让他用整个匈奴来换，他也愿意。

　　站在昭君对面的匈奴老臣乌禅幕长叹一口气，悄悄地说："见了这样的女人，不说好看的，是瞎子；见了这样的女人，不爱上她的是傻子；听了这女人的声音而不心动的，是聋子。"

　　汉朝的大臣萧育说："臣活了五十多岁，后宫的美女见了不下万千，却从没有见过这样美妙的人儿，尤其是那双眼睛，简直能摄人魂魄。"又悄悄地说，"陛下啊陛下，您真糊涂啊，您六宫的三千粉黛，也不及一个王昭君啊！"

　　天地间倏然暗淡失色，唯有绝世美貌在熠熠生辉，而那震慑了整个汉廷的锐不可当的美，正是被浪费被轻视被辜负后的毅然决然而锻造的，因此这美是独一无二的。对自己后半生的决然弃置，只为了这一刻的惊艳夺目，所有的委屈与不甘在这

第四章 王昭君：那一场华丽的复仇

一刻迸发，所以她光彩夺人，震慑汉宫。

此时龙椅之上的汉元帝简直不敢相信，后宫里还藏着这如此的佳丽。可惜让单于看见了，已没有回旋的余地，悔恨与惊愕铺天盖地而来。阅美无数的他从未有过如此惊愕狼狈之时。

王昭君依然袅袅婷婷地站在那里，顾盼生辉。汉元帝痛苦地看了一眼昭君又低下了头，因为他的目光碰到了昭君那仿佛春烟一般幽怨的眼神，他此刻是愧悔、内疚、怨恨、爱慕、心疼五味俱全，他觉得自己身为帝王竟是如此荒诞，派人出去搜寻美女，好不容易才收拢到后宫，满以为占尽了春光，囚住了举国的美艳，谁知这唯一漏网的才是真正的美女啊。金殿之上，两方眸光相对，昭君与心中的皇帝天子终于相逢，当惊艳穿心而过时，她的复仇成功了！以惊世美艳和倾城倾国，向捣鬼作恶的小人复仇，为自己被无端荒芜、无端浪费、无端辜负的青春好年岁复仇。所以她孤注一掷，如飞蛾扑火一般，将数载的痛苦与幽怨化为锋芒，劈开那金碧辉煌、高高在上的未央宫。

《后汉书》卷八十九《南匈奴传》记载王昭君的美貌："昭君丰容靓饰，光明汉宫，顾影徘徊，竦动左右。帝见大惊，意欲留之，而难于失信，遂与匈奴。"意思是说皇帝看见她美不胜收的样子简直肠子都悔青了，这样的美女自己竟然从来没留意过。但没有办法，既然已经答应了呼韩邪单于也只有看着这样的美人远走大漠了。

然而，汉元帝毕竟是帝王，这里不是他的寝宫，这里有文武百官，还有匈奴的呼韩邪大单于，他不好过于失态，他费了好大的劲才堆出一点勉强的笑容，涩涩地问呼韩邪："单于，觉得此女可合意？单于若看着不顺眼。再换一个来。"而此时，呼韩邪的魂已经被玉立在那里的少女摄去了,他急得直打手势,连声地说:"不用,不用。若陛下肯割爱,那她以后就是我大漠的阏氏了。"元帝无可奈何地苦笑,点头答应,但点头的时候,眼睛仍然没有离开王昭君,心里那个痛,如浪汹涌。

　　复仇成功,王昭君很想大笑,仰天大笑,纵声大笑,可是,她的脸上只落下了清泪两行。

不嫁单于君不知

王昭君也抬起了头，她日思夜想的大汉天子，如今就站在上面看着她，她平生第一次见到了皇帝。她不知道该如何形容此刻的心情，是欣喜？还是幽怨？那一双眼，渺茫，绝望，却于绝望中饱含倔强。昭君眉头微蹙，脸上露出哀怨的神情。这一瞥，竦动左右，大殿之上，所有的人都被哀怨的美丽所震慑。这哀怨是对元帝的，令汉元帝更是揪心，悔恨生生错过了国色天香。

王昭君抬头看汉元帝的时候，汉元帝也正在看她，四目相对，迟来了五年，如果五年前有这样的机会，或许会发生一段缠绵悱恻的爱情故事。可是现在，迟了，太迟了；晚了，太晚了。他终究，还是错过了她。他终究只成了她生命中的过客，不曾给予她片刻花开。剩下的，就是由他来复仇了，那决定了王昭君荣辱沉浮的可以任意摆布王昭君命运的小人，王昭君无可奈何；但对于九五至尊的帝王来说，小小的画师连蝼蚁都不如，根本不堪一击。

史书记载：时，呼韩邪来朝，帝敕以五女赐之。王昭君入宫数年，不得见御，积悲怨，乃请掖庭令求行。呼韩邪临辞大会，帝召五女以示之。昭君"丰容靓饰，光明汉宫，顾影徘徊，竦动左右。帝见大惊，意欲留之，而难于失信，遂与匈奴。

汉元帝心中悔恨不迭，回到内宫，立即叫人从宫女的画像中找出王昭君的画像细细端详。模样虽有点像，但完全没有王昭君本人的美丽可爱，而粉颊秀靥之上，何曾有什么黑痣，完全是无中生有！

汉元帝一怒之下，斩杀了画师毛延寿，以出胸中恶气。毛延寿这位美女杀手也得到应有的报应。曾闻汉王斩画师，何由画师定妍媸？宫中多少如花女，不嫁单于君不知。

行前，她去未央宫拜别天子。

这应该是最后一次与心爱的人相处的机会了，可是，汉元帝不敢面对王昭君，只是背对着她，沉痛地对她说，一路保重。

出了汉宫，带着一种异样的心情，最后看了一眼熟悉而又陌生的长安宫阙，怀抱琵琶，跃上骏马，最后一眼回望长安城，扬起马鞭，王昭君启程了。

呼韩邪单于领着仙女一般的王昭君，在汉朝官员的护送下，离开了长安，前往漠北。长安的老百姓夹道欢送，亲眼目睹王昭君绝世的风采消失在尘土之中。

昭君出塞

接下来的一幕，就是历史上最动人的故事，昭君出塞。这一壮举，使得王昭君名留千古。否则即使她是后宫的妃子，能否列入中国四大美女也是一个问号，平心而论，王昭君的美貌并非天下无双。王昭君的美更主要的是体现在她的大义凛然和为国牺牲上。

从长安到匈奴王廷，是一段漫长而艰苦的路，但是王昭君并不感到孤独，因为有呼韩邪陪伴着她。这应该是他们爱情的开始，这条路是属于他们的爱之路。

呼韩邪单于是个仪表堂堂铁骨铮铮的汉子，他对这位大方美丽的女子满心欢喜。

他是英伟的，宝带轻裘、微笑温煦，漫天的风雪在他身后翻舞，若狂暴的银龙挥洒天地。只一眼与呼韩邪对视，王昭君便下定了决心，她愿意跟眼前这个男人去草原骑马放歌，或是将手放进他掌心，由他牵着在荒漠奔跑。

呼韩邪应是真的疼爱王昭君的。这一路上，他尽到了一个男人对妻子应尽的责任和义务，给她遮风，为她挡雨，时不时问她累不累，饿不饿，渴不渴，虽然没有什么甜言蜜语，但这些朴实的话更能打动一个女人的心。

呼韩邪甚至给王昭君一个特权，就是王昭君想走就走，想停就停，一切都听她的。

王昭君感到莫大的欣慰，呼韩邪完全可以不管她的，完全可以命令她的，可是这么强大的一个男人却如此尊重一个女子，如此疼爱一个女子，与汉朝的皇帝元帝比起来，他或许没有元帝的土地多，他或许没有元帝的子民多，他或许没有元帝的财富多，但是他的爱却远远多于汉朝那个皇帝。

也许世界上根本没有什么最优秀的男人，只有在一个女子眼中最优秀的男人。

而此刻，王昭君的眼中，最优秀的男人无疑就是呼韩邪单于。

漫长出塞路

出了雁门关,匈奴大队骑士、毡车、胡姬前来迎接,马背上的王昭君,成了万里荒漠中一道靓丽的风景。

王昭君一行经过了汉朝的左冯翊(今长安东北)、北地(今甘肃庆阳)、上郡(今陕西榆林)、西河(今内蒙古东胜)、朔方(今内蒙古杭锦旗)、五原(今内蒙古包头)等地。王昭君坐在毡车上,一路领略大自然的美景。

大漠风沙,水土不服,旅途的颠簸,再加上思乡心切,身体原本就孱弱的王昭君还是病倒了。幸好呼韩邪单于一直守在她的身边,悉心照料,否则,她真不知道,她能否走完这漫长的路程。在她的记忆里,这是她这一辈子走过的最长的路,也是最难走的路。直到第二年初夏,王昭君才到达漠北匈奴王廷。

人在生病的时候最想念的就是亲人。这一刻,王昭君不知道自己还能否挺得过去,想起多年未见的父亲,不禁又多一分忧虑。虽然汉元帝曾经答应过她,会好好照顾她的家人,但她不知道,汉元帝是否已经把她的家人安置好。

于是,她艰难地起身,对呼韩邪单于说,要给汉朝的皇帝写一封信。呼韩邪让她到了王廷后再写,她怕熬不过,留下遗憾,坚持要写,呼韩邪只好依了她,叫人拿来笔墨。

王昭君给汉元帝写了一封言辞恳切的信,信的中心意思就是希望他不忘当初的诺言,好好安置她的家人:

"臣妾有幸得备禁脔,谓身依日月,死有余芳,而失意丹青,远适异域。诚得捐躯报主,何敢自怜?惟惜国家黜陟,移于贱工,南望汉阙,徒增怆绝耳。有父母有兄弟,惟陛下少怜之!"

汉元帝接到王昭君的信后,如获至宝,很快就把王昭君的家人接到了长安,赐予府邸,让其安居乐业。

而王昭君的那封信则成了汉元帝纪念她的唯一物品,看着她娟秀的字迹,回忆起她的音容笑貌,汉元帝免不了要唉声叹气,自己无福消受这等如花美眷。

宁胡阏氏

经过长达半年多的跋山涉水，王昭君和呼韩邪终于抵达了匈奴王廷。幸运的是，她的病也痊愈了。

踏入匈奴之时，风沙扑面而来。她心中忐忑不安，不知胡人粗鄙，可否懂得她的温婉与诗情画意？

然而，展现在她面前的是一幅迥异于中原的壮美景象，蔚蓝的天空，洁白的云朵，一望无际的草原，草原上骏马奔驰，成群的牛羊，白色的营帐一座连着一座，远处还有悠扬的马头琴和凄婉的胡笳声传来。

这一切让王昭君惊喜，汉朝人所说的荒凉在这里找不到一点儿痕迹。更让她受宠若惊的是，匈奴人非常热情，为她的到来举行了盛大的欢迎仪式。

呼韩邪单于封王昭君为"宁胡阏氏"，意为匈奴有了汉女做"阏氏"（王妻），边境开始安宁。这是她向往已久的幸福，她成了呼韩邪单于的妻。在万人簇拥下，她款款走向王后的宝座，她的雍容华贵，国色天香，也征服了所有的匈奴人。

她从来没有受到过如此隆重的礼遇，在汉朝的皇宫里，她等了五年也没有等到。现在她终于实现了，做一个不平凡的女子，一个对社会对国家有用的人。而她，既为汉匈长久的和平做出了贡献，还获得了多少女人都渴慕的爱情。

王昭君嫁过去后，呼韩邪非常高兴，为报答大汉天子的恩惠，派遣使者给元帝送去大批玉器、珠宝及骏马，并誓言：在他有生之年，绝不偷袭、侵犯汉朝的边境。当然，这背后也和王昭君的劝说有直接关系。她劝深爱着她的呼韩邪单于不要去发动战争，打这以后，匈奴和汉朝和睦相处，有五十多年没有发生战争。呼韩邪单于在西汉的支持下控制了匈奴全境，从而使匈奴同汉朝和平共处达半个世纪之久。

呼韩邪单于开辟了北部少数民族地方政权接受汉朝中央领导的先例，促成了塞北与中原的统一，加强了汉匈两族的团结合作。汉匈关系和平友好，关市畅通，两族人民的互市和接触可以不受或少受限制，匈奴人可从汉人手中获得生产和生活用品，汉族文化可以传入匈奴，从而使匈奴人的社会生产力和日常生活都迅速地提高；同时匈奴文化也传播到中原，丰富了汉朝的文化宝库。呼韩邪单于还在汉朝支持下，结束了匈奴二十余年来的分裂状态，安定了匈奴政治的混乱的局面。

可是，汉元帝没有福气消受这一切了，就在王昭君抵达匈奴王廷三个月后，他在思念与懊恼的煎熬中，因多种疾病缠身，一病不起，拖到初夏时节，竟在榴花耀眼中崩逝。

家国天下

在漠北塞外，王昭君过上了住穹庐、披毡裘、食畜肉、饮乳酪的游牧生活，王昭君慢慢适应了匈奴族的生活方式。长河落日，塞北风霜，当大漠羌笛换过新一季长安春柳时，她将原乡梦土，于胡地安营扎寨。

善良勤勉的王昭君，和匈奴人相处得很好。她把汉朝的文化介绍给他们，匈奴人民都很喜爱她、尊敬她。

王昭君和呼韩邪开始了幸福美满的生活。

一个是权力无限的匈奴王，一个是美艳超群的王后，与西汉奢华的宫廷相比，他们同样拥有顶尖级的享受。

蔚蓝的澄明天空，悠悠白云在飘荡，宛如海面航行着几只帆船；温暖的秋日阳光，从空中倾泻下来，悄无声息地落在金黄的草地上；无边无际，广阔如海。

王昭君就站在这如画的美景中。她是一个坚强肯忍耐的女子，在远离家乡的岁月里，虽然只有短短几年，但她已深深洞悉了人生的沧桑与苦难。现在，她没有任何东西可以惧怕，更何况这里已是她魂牵梦萦的地方。

如今的她，已经习惯了胡人的习俗，浑身上下都是胡人的装扮：头戴贵族妇女专用的圆锥形高尖帽，尖端还有鲜红的穗子，帽子的周围装饰着珊瑚玛瑙珠，尤其是帽子的前面，还镶嵌着一颗硕大的红宝石，在阳光的照耀下闪闪发光；身穿红色绸缎长袍，袍子上刺绣着鱼、凤等图案；腰束白玉带；足蹬白皮靴。

而他，自帐外款款行来，发丝在风里飘散，衣袂翩翩，两袖寒意，将她拥入怀中。他的心跳，总是令她沉迷，她埋首于他的颈畔，鼻端是塞外深冬的苦寒。或者，她是爱慕他的，爱他驰骋于旷野的狂放，爱他统率族众的仁慈，亦爱他拜跪于殿前的卑微。他俯身的表情，总是牵扯起她轻淡的疼痛。

而当她独坐车上，看窗外的风景自青绿转作萧瑟，听风声猎猎，拂过青布的车帘。那时，她常常会想，我是不是真的爱他？

可是，没有谁能给她答案。窗帷里划过孤雁的羽翼，掠过塞外空阔的四野。他生命里有自由不羁，他身后有暴虐的风雪，他驰骋的是苍茫天野。这一切，又是她所爱吗？

而其实，爱或不爱，又能怎样？

四围的宫墙里，她的命运已写就了孤凄。梦中的香溪与青岚，终究只在梦中而已。而若终老亦不得自由，倒不如，换一只更大的笼，做她此生命运的冢。一粒丧夫落泪痣，自此，画就她风沙遍野的后半程，予她旖旎与屈辱，还有亘古不息的惆怅，缭绕于塞外的明月与山脉。

王昭君是自己将自己推向了这绝路，塞外风雪如刀，风萧萧，路漫漫。她如义士出征，一去不还。

风华绝代，却带着凛冽的风霜，和刻在骨子里的倔强。那柔弱如水的娇躯下，暗藏着金戈铁马、狼烟风霜。这样的美，凌厉、绝艳，只一眼便有窒息的痛，恰来自走投无路的决然舍弃。只因那份倔强与不甘，让她独辟蹊径、遁走他乡，任大漠孤烟，

第四章 王昭君：那一场华丽的复仇

风寒雪冷，从此，她将此身都付与风沙落日。她并不后悔以生命和青春燃烧的代价换取那光耀万丈的一瞬间，她心痛的是这流离的宿命和无从改写的悲凉。汉宫已无路可走，她自己重新开辟一方新的天地。她以一苇飞渡，跋涉苦旅，终于到了曾经遥不可及的彼岸，她的舞台从汉宫风云化为匈汉天下。她的世界也从狭窄的掖庭化为了更加广阔的大漠苍穹。

女子的世界不只有男欢女爱，更可有家国天下的万丈豪情。她以身作碑，将和平的誓言刻下。纵然前路是风沙漫天，身后却有绵绵碧草。

丧夫之痛

婚姻美满，家庭也圆满。一年后，王昭君为呼韩邪单于生下一个儿子。取名伊屠智伢师（也写作伊屠牙斯），封为右日逐王。

遗憾的是，王昭君和呼韩邪的夫妻缘分不是很长，婚后第三年，公元前31年，呼韩邪单于得了一种暴疾，撒手而去。王昭君时年二十四岁。

野有蔓草，零露溥兮。有美一人，清扬婉兮。邂逅相遇，适我愿兮。

野有蔓草，零露瀼瀼。有美一人，婉如清扬。邂逅相遇，与子偕臧。

当春华渐落，当午夜孤清，当月华转淡，她常常会念起这首古诗，羡慕诗中女子，美丽、无名，娇艳于四野，盈盈于时光的长廊。无论那倾慕的男子怎样痴心，女子始终隐没于岁月的纱帘，含蓄委婉。这一歌三叹的婉转，这清丽静美的韵味，终她一生，拼尽一生的力气，也只得化作委身土中的一缕幽魂，卑微地，向这尘世要一些暖意。

第四章 王昭君：那一场华丽的复仇

她回过头，恍惚间，那诗中的女子正看着她，那忧伤的眼穿越她经年的离伤，看向她未知的命运。

若得有来生，若一切，可以再次回头，她愿意做诗中那样的女子，将美丽掩于软红十丈，以美丽换取命运的无名。她不要黛色横空的绵延青草，做她冢上苍翠的羽衣，她只想，要一段平凡的命运，数十年的温暖，而后，湮没于众生。

然而，她终不是古诗中高华的女子，而是一只美丽的风筝，再怎样飞舞于天际，终究还是，身不由己。

而现在，随着呼韩邪的离去，她变得命运堪忧。

在那个大雪的深冬，他拥她入怀，温暖的心跳和着她的呼吸，宝帐内，有淡淡的梅花香气。而她的指尖，仿佛还沾染着他袍袖上的寒意，那寒意，总会令她的心，微微地凉，再些些地暖。而他散乱的发丝，亦曾缠乱了她潮湿的梦境，让她在异乡的子夜，有了可以依靠的地方。然而，不过只是一个转眼，他就走到了生命的末路，走到了华年的最后，干枯成了一座孤单的冢。冢前，她静静垂坐。塞外的春天，青草总会铺到天边，像一匹华丽的绿锦；零星的野花，便是锦上最初的繁华。

她的那些记忆，早已零落在塞外的风里，而在寒风中醒来的却是残酷的现实，风沙漫天，遮盖四野。

昔时，温暖在握；眼前，一抔荒凉。那一刻，她忽然明白，再盛美的生，亦敌不过逝。她的夫君，是掠过塞外的一场春风，回首时，风花早已落尽，只留下她孤单的衾帐，独对冷冷的月华。

她和他不过拥有三年的时光。在这三年里，汉匈两族团结和睦，国泰民安，"边城晏闭，牛马布野，三世无犬吠之警，黎庶忘干戈之役"，呈现出一派欣欣向荣的和平景象。

难堪的屈辱

呼韩邪单于的大阏氏所生长子雕陶莫皋，作为嫡子继单于大位，号为复株累单于。根据匈奴人的习俗，嫡子可以娶庶母做妻子。按照"父死妻其后母（不是生母）"的习俗，在匈奴人的观念中，嫁入本氏族的女子，属于夫家的氏族。夫死之后，必须约束在本氏族之中不得外嫁。因此，除生母外，都由儿子或兄弟继承她们的婚姻关系，使她们不能脱离夫家的氏族共同体。雕陶莫皋想按照匈奴的风俗娶王昭君为妻。这和封建的伦理道德相抵触，所以王昭君在极度难堪之余，一边拒绝，一边给汉成帝上书要求返回汉朝。但是，当时在位的汉成帝回书敕令，要她从大局出发，依从匈奴习俗，"从胡俗"，继续为汉朝和匈奴的友好做出贡献。

接到成帝的敕令后，王昭君茫然不知所措，经过激烈的思想斗争后，她还是决定以大局为重，忍受了"子蒸其母"（虽然不是亲子）的巨大屈辱，再嫁给了复株累单于雕陶莫皋。

年轻的雕陶莫皋单于对王昭君更加怜爱，夫妻生活十分恩爱甜蜜，他们相濡以沫的夫妻生活持续了十几年。王昭君接连生下两个女儿，长女名云，后嫁给右骨都侯须卜当，称须卜居次（即须卜公主）；小女嫁给匈奴贵族当于氏，故称当于居次，

第四章 王昭君：那一场华丽的复仇

"居次"意为公主。

雕陶莫皋年轻的眼眸明亮如星子，灼灼地凝注于王昭君的脸庞。她不明白，命运为何于此刻转折，将她此生最大的屈辱，映入他年轻高大的身影，映入这塞外苍白的月色。他是她夫君的长子，亦曾唤她为母后。而现在，她竟不得不再嫁给他，辅佐他，使他做了匈奴的新一任的单于。

是忍辱负重？还是顾全大局？只是，这大局，她又怎能不顾？呼韩邪殷殷的寄望，隔着生与逝的那一场春风。香溪的水边，还住着她最爱的亲人。她的命运，左右着他们的悲喜；她的每一个决定，总会牵引他们的心。那清浅的溪水与山畔采药的歌吟，是她此生最大的愿望。她想回去，回她的故乡。便是忍辱负重，她也是无从选择的。

雕陶莫皋是爱她的吗？后世的人说起这一段，总说他爱她怜她，恩深义重。然而，她真的无法分清，他眼中的明亮，是因了情爱的深挚，还是因了权势的炽烈。再嫁的她，不只是自大汉深宫里走出的锦衣华服的女子，她还是曾经的王妻。她的身后，是无上的王权与强国的威仪，说他爱她，莫不如说，他敬重她身后的这些赘名。

即便如此，她再嫁的夫君，与她也是曾有过温柔的一段时光。当第一阵东风拂过塞外的旷野时，他曾携她的手，去绿洲的湖边，看水鸟掀动翅膀，带来中原的湿红暖绿；而在深冬的午夜，他的怀抱总是带着一缕寒香，让她想起，开在香溪的那几树梅花。还有他们的两个女儿，似上天垂怜于她眼前的两粒明珠，抚慰她长久以来的孤寂。

然而，更多的时候，他的眸光，并不落在她们的身上。他充满野心的眼神，灼灼地望着他的疆土，以君临天下的态势，说起他的雄图霸业。而她，还有他们的女儿，不过是这大业的附属，是匈奴收敛的证明。塞外的悍勇与不服，因了她的存在，有了几许臣服的温软。她的温婉宁和，亦令大汉西边的宁定，延展了更长的时间。是的，他们是恩爱的，爱彼此的江山亲族，恩彼此的愿望野心。可是，再深重的恩爱，亦掩不住她心中的委屈。香溪水泽里洇出的净好女子王昭君，因了大局、因了命运，只得化作深明大义的筹码，永远地钉立在塞外的旷野。

在这孤清的大黑河岸，她又听到了雁叫声声，断续哀鸣，那是因她而鸣，为她永不能见的原乡，为她夜夜哭泣的心。

悲情的谢幕

然而,命运犹感王昭君所受的苦难还远不足够,于是再次轻轻拨弄,将她最后一丝平凡卑微的愿望,化作一朵落英,轻轻地一个转身,便已凋零成空。

十一年后,汉成帝鸿嘉元年(公元前 20 年),雕陶莫皋也离开了她,王昭君自此寡居。

就在同一年里,这个美丽的女子走完了自己的一生,年仅三十五岁。

当时,王昭君的兄弟被朝廷封为侯爵,多次奉命出使匈奴,与妹妹见面。王昭君的两个女儿曾到长安皇宫侍候过太皇太后,这位太皇太后即汉元帝的皇后王政君,她有个著名的侄子王莽,先谦恭下士博取虚名,后玩了一套所谓尧、舜、禹时代的"禅让制",夺取西汉政权,建立"新朝"。但匈奴单于死死咬住"非刘氏子孙,何以可为中国皇帝"这一理由发难,于是边疆战事迭起,祸乱无穷。

远远的,不知是谁吹起胡笳,一声声,一拍拍,抵进王昭君干陷的眼窝,牵扯出她经年不曾有过的泪,让她想起,再也无法回去的过往。当公元前 20 年,雕陶莫皋又染疾病而亡,王昭君再一次受到精神重创。这时王莽推行新朝篡汉，天下大乱。胡人以外姓为何可夺刘汉江山为由，唇枪舌剑，刀光剑影，危机四伏。绝代佳人王昭君，眼看自己为之献身而创造的和平局面即将毁于一旦，化为乌有，她整日以泪洗面，仰天长叹，悲愤成疾。多年来太深太深的积怨，无法排遣，在幽怨凄清绝望中，她服毒而死。

35岁的她，终于香消玉殒，一命黄泉。

王昭君死后，葬在大黑河南岸，匈奴族为她举行了隆重的葬礼，当时的汉哀帝也派使者前去参加。可见，汉匈两族对王昭君的重视程度。综观王昭君所为，她沟通汉朝和匈奴两国关系，以和亲重任为己任，不断地做民族和解的工作。同时，她还带去了很多农业生产技术，教匈奴人自食其力，不必掠夺别人的粮食也可以生活。她还教授给匈奴人文化礼仪，减少了他们的好战之心，促进边疆居民友好往来。王昭君出塞，为稳定边疆、汉匈友好做出了积极的贡献，意义深远。

"汉月还从东海出，明妃西嫁无来日。"王昭君留下的永远是一个背影！"千载琵琶作胡语，分明怨恨曲中论。"王昭君留给人们的还有悲苦！"汉恩自浅胡自深，人生乐在相知心。"王昭君带给人们的还有欣慰！

在四大美人中，以王昭君的故事最为坎坷，她因"昭君出塞"而闻名，做出了自愿和番、出塞匈奴的义举，为民族友好和边境安宁做出了积极的贡献。她的大义之举使得她的地位，远在其他三人之上，受到人们的尊重与深深的怀念。王昭君的历史功绩，不仅仅是她主动出塞和亲，更主要的是她出塞之后，使汉朝与匈奴和好，边塞的烽烟熄灭了五十年，增强了汉族与匈奴民族之间的民族团结,是符合汉族和匈奴族人民的利益的。她与她的子女后孙以及姻亲们对胡汉两族人民的和睦亲善与经济文化交流做出了巨大贡献,因此,她得到了历史的好评。

昭君的墓碑上刻有:"一身归朔漠,数代靖兵戎。若以功名论,几与卫霍同。"把昭君比作名将卫青、霍去病,这是中国男人的看法,客观的评价,昭君比卫霍有过之而无不及。战争解决问题,需要付出巨大人力、物力,昭君则凭借一己之力,挽狂澜于即倒,试问天下有几人可为之敌?这就是昭君的魅力。

王昭君,拭啼痕,回顾望昭阳,垂泪有千行。红袖拂秋霜,哀弦须更张。片片红颜落,双双泪眼生。胡风入骨冷,夜月照心明。汉家秦地月,流影照明妃;一上玉关道,天涯去不归。汉月还从东海出,明妃西嫁无来日;燕支常寒雪作花,蛾眉憔悴没胡沙;可怜青冢已芜没,尚有哀弦留至今。

第五章

张惠：她以贤淑成就了一代帝王

在朱温称帝后，一直没有立皇后的原因，
就是怀念贤惠而又有智谋的她——张惠。
后梁太祖朱温谋夺大唐三百年基业，
是一个天不怕地不怕的主儿，
但唯独"怕"这位美丽又贤惠的张皇后，无论内外政事，
都要请教于她，对她几乎言听计从。

惊艳：只因多看了你一眼

张惠和朱温是同乡，都是唐代砀山人，张惠生在渠亭里极为有名的富裕之户，是宋州刺史千金。和张惠生于富裕之家不同，朱温当时只是一个乡下穷小子，随母在萧县刘崇家当佣工。两人的悬殊真是天差地别，确如俗称的"门不当，户不对"。

朱温的父亲由于疲劳过度生病，因没钱医治而病死。此后，朱母带着三个儿子难以为继，只好举家投往萧县的富户刘崇家里做佣工。每天朱温和他二哥朱存携带弓箭往返于崇山峻岭，扑杀一些飞禽走兽，从此刘家的野味吃用不尽。

在低人一等的环境中，朱温没有形成软弱的性格，反而变得狡猾奸诈，再加上他和次兄朱存都蛮勇凶悍，时常在乡里惹是生非，不肯勤于正事，所以乡亲们很讨厌他们，朱温也没少受主人的责打。

晚逐香车入凤城，东风斜揭绣帘轻，慢回娇眼笑盈盈。
消息未通何计是，便须伴醉且随行，依稀闻道太狂生。

——张泌《浣溪沙》

这首词描写的就是朱温初见张惠的情景。

第五章 张惠：她以贤淑成就了一代帝王

一天，宋州郊外，龙元寺不远处，朱温和他二哥打猎路过此处，刚好碰到和家人前来烧香的张惠。

当时天气很好，艳阳高照，朱温躺在一棵大树下，欣赏着远处的美景，忽见走来一队兵役，约有一二百人，拥着两乘香车宝马，缓缓向前行去，隐隐望见车帘内似有一位妙龄少女。朱温心中一动，情不自禁地向着这支队伍走去，撇下了正在酣睡的朱存。

朱温灭唐，也许只是缘于那不经意的一瞥。彼时傻里傻气追着张惠车驾的穷乡小子，期盼自己有朝一日可以配得上如此佳人，于是此后整日思索着自己如何才能将其娶回家。于是索性脚一跺，投奔黄巢的农民起义军去了，意欲把自己打造成一个乱世枭雄，再回来抱得美人归。此正是所谓的美人倾国倾城。

在那个历史性的时刻，朱温跟随车马走了约半个时辰，来到一座大禅寺门前，车马停下，朱温忙躲进林子里偷看。只见车中走出两个女子，一个是半老妇人，雍容华贵，另一个是妙龄少女，秀美绝伦，把朱温看得灵魂出了窍，不自觉地跟在她后面，也随着一起进了寺院。

走到大雄宝殿，母女二人跪下进香，朱温大着胆子守在殿外，等那少女拜完菩萨，随母亲出殿时，朱温迎上前仔细端详，更觉神不守舍，好不容易才定下神来，那母女俩已转入殿后净室。朱温心痒难耐，又不敢继续跟随，只得走出寺院等候。看着香车宝马远去后，他向小和尚打听，才知道二人原来是宋州刺史张蕤的夫人和小姐。

如果没有遇见张惠这个改变他命运的女人，朱温也许一辈子就那么点出息了。但是上天偏偏要让风吹起轿帘，让朱温看到轿中这位绝世美人。他看到她第一眼,大唐的寿数就进入了倒计时。

这一天,朱温无心射猎了,早早地回到了刘家,把白天的所遇告诉了二哥朱存。

当时的朱温,只是个小人物,自幼丧父,寄人篱下,不事生业,以雄勇自负,里人多厌之。

而张惠却是高高在上的千金小姐,其父张蕤做过宋州的刺史,才貌双绝。

据《旧五代史》所载,他在看到她的那一刻,"有丽华之叹"。

朱存笑他痴心妄想,谁知朱温却对朱存说:"汉光武布衣时,曾自叹'仕宦当作执金吾,娶妻当如阴丽华',后来如愿娶得阴丽华。张小姐也不过阴丽华那般,日后我定要娶此女为妻。"

朱存嘲笑他说:"癞蛤蟆想吃天鹅肉啊,自不量力!"

朱温语气激越地说:"英雄不在贫贱,怎知我不如刘秀!"

朱存笑得越发厉害:"你真是痴!你我寄人篱下,能图个饱暖,已算幸事,还想什么光武帝阴丽华!全是白日梦,难道凭空就能掉下好事吗?"

他没有理会二哥的嘲笑,从看到她的那一刻起,这个小混混开始有了追求。虽然那在别人看来是个白日梦。

日子一天天地过去了,朱温越混越差,连欲做混混都不能。当时正值唐末乱世,百姓们苦不堪言,民不聊生。四方藩镇割据,战祸频仍,天灾连年不断,或旱或涝不消停。而吏治腐败,赋税都快预收到朱温的孙子出生那年了。地方盗匪铤而走险,野草般疯生,叛乱此方平罢,彼方复起,英雄枭雄不论出身,尽皆起事,而局面则是生灵涂炭,一言难尽。

第五章 张惠：她以贤淑成就了一代帝王

唐僖宗乾符四年（公元877年），曹州人黄巢起兵反唐，各地饥民纷纷前去投奔，声势浩大。

这一年，朱温二十五岁。

消息传到萧县，朱温觉得机会来了。一天，他悄声对二哥朱存说："今唐室已乱，兵戈四起，像你我这般力气，如果前去投奔黄巢军，到时候抢些金银财宝和美女什么的，又有何难？我们何必在此寄人篱下，埋没一生呢？！我们也可以像当年的光武帝一样，说不上还可以弄个皇帝当当，要娶一个宋州刺史张蕤家的小姐不是手到擒来吗？"

朱存听了正中下怀，二人秘密谋划了一番，第二天一早便告别了家人，投奔黄巢军营。黄巢见他俩身材魁梧，又有力气，很赏识，留于帐中效力。

朱温和二哥加入义军后，凭着身强体壮，敢于冲锋陷阵，很快就在军中脱颖而出，两人都补为队长，成了义军的小头目。朱温凭着从小练就的武艺，又善于谋略，再加上凶悍狡诈的品性，因而在战场上勇猛无敌，屡立战功。这很快引起了黄巢的注意，升他为大将，并被倚为亲信。终于能在义军中说上话了，毫无意外地，他率领义军攻打的第一座城市就是宋州。就要再见到日夜思念的人了，身为大将的他，连带头冲锋的事都干了。宋州一鼓而下，他却傻了眼——张惠一家早已离开宋州，不知迁往何处了。那一天，他喝醉了，就连身边的很多亲信都挨了顿莫名其妙的训斥。知道他心事的二哥前来开导他："若是有缘，老天还会让你再见到她的。"从此，从来就不是什么善男信女的他，开始日日夜夜在佛前祈祷，祈祷能早日和她再次相逢。

不久，朱存战死。

在东荡西扫的戎马生涯中,朱温手下常有人向他进献掳掠来的美女,好色的朱温虽然不加拒绝,但他心中,却念念不忘当年在宋州遇见的张惠小姐。他把正妻的名分保留着,并暗暗立下誓言,非张小姐不娶。

五年之后,黄巢在长安登上帝位。朱温因夺取长安附近的同州有功,被封为同州防御使。有一天,朱温在回同州途中,其属下掠取一民间女子,被朱温碰见。他定睛一看,不由惊喜万分,竟是他多年寻访不着的心上人张惠小姐。

多年前,初次偶遇,他寄人篱下,粗服杂布;她衣着华丽,仆役成群。多年后,再次偶遇,他金甲高马,威风凛凛;她粗服乱发,形单影只。

是她,一定是她!他的直觉告诉他一定就是她。

"你可是前宋州刺史的小女张惠?"她低头称是。

世事变迁,沧海桑田,朱温当年连偷看张家小姐两眼的资格都没有,而现在,他已经成为了万人之上的将军,而张家却因为兵劫遭难,落魄不堪。

朱温见她虽是破衣烂衫,蓬头垢面,不加粉饰,却依然是国色天香,丰姿不减当年。朱温非常激动,恨不得立时将她搂进怀里亲热,但他不敢造次,命仆妇把张小姐引入后堂沐浴更衣,另选别室居住,择吉日成婚。

接下来,很自然的,此时家道中落、无依无靠的她在倾听他对她的痴情后,很自然地接受了他的明媒正娶。

只因为多看了他一眼,她的人生从此惊艳。

第五章 张惠：她以贤淑成就了一代帝王

以贤淑辅政

朱温三十岁（即公元882年）的时候，他投降唐朝，在打败黄巢的战争中立功，被朝廷封为魏王，唐僖宗给其赐名全忠。当时唐朝已经混乱不堪，各地军阀混战，朱温在混战中逐渐成为最大的军阀之一。

随着朱温被唐朝封为魏王，张惠也被封为魏国夫人。

朱温无赖成性，但在对待与张惠小姐的婚姻上却能坚守誓言，遵循礼仪，不能不说是个奇迹。婚后，夫妇感情深厚。

朱温的霸业之所以能够成功，主要得益于两个人，一个是他的军师敬翔，另一个就是他的妻子张惠。

张惠不愧是大家闺秀，为人贤明精悍，敢做敢言，动有法度；她既有教养，贤明知礼，又懂得军事与政治谋略，在参与朱温军国大事的处理中，很有判断能力，朱温对她又敬又爱。虽然史书上对张惠的记载并不多，但从字里行间可以看出，张惠对朱温所起的作用是很大的。朱温性格暴戾，喜怒无常，动辄杀人，有时甚至是任性横行，滥杀无辜。每当朱温大动肝火要降罪无辜人等时，只有张惠敢于与夫碰硬，继而进言规劝，挽救无辜。张惠劝诫得句句在理，使朱温不得不服，因而她从刀下救出过不少人。

张惠既有温柔的一面，又有英武的一面，嫁给朱温后，张惠不但内事做主，外事包括作战也常有让朱温钦佩的计谋。朱温凡遇大事不能决断时就向妻子询问，而张惠所分析预料的又常常切中要害，让朱温茅塞顿开。因此，朱温对张惠越加敬畏钦佩。有一次，朱温已率兵出征，中途却被张惠派的使者赶上，说是奉张夫人之命，战局不利，请他速领兵回营。这位爷也能二话不说，立即勒转马头，回军而去，从而避免了一次因用兵不当而造成的不必要损失。

朱温本性狡诈多疑，暴躁凶悍，加上战争环境恶劣，诸侯之间你死我活的争夺，更使朱温妄加猜疑部下，动不动就处死将士。这必然影响到内部的团结和战斗力，张惠对此也很明了，就尽最大努力来约束朱温的行为，使朱温集团尽可能减少内耗，一致对外。

唐昭宗乾宁年间，朱温晋封王爵，势力日益强大。但朱温却越发地多疑，且残暴。

后梁太祖朱温有八个儿子，其中朱友裕居长。张惠为朱温生有一子名叫朱友贞，张惠十分礼待朱温其他女人所生的儿子，并视如己出。

有一次，朱友裕领兵攻伐企图独立的族人朱瑾，朱瑾兵败逃走，朱友裕则按兵不动，没有追击余党。有人向朱温进言指朱友裕实是与朱瑾勾结，才有意按兵不动，放过朱瑾。朱温果然相信，立即命令解除儿子的兵权，无辜的朱友裕对父亲的举动深感惶恐，于是带领几名亲信逃匿别处。

张惠爱子深切，坚持说朱友裕是无辜，同时命人四处找寻朱友裕，要他回来负荆请罪，朱友裕听从非生母的张惠所言，归来向父亲请罪求死。

朱温盛怒之下,命人绑了朱友裕出去斩首。这时,张惠得知长子朱友裕归来,而朱温却要赐死朱友裕,她来不及穿鞋,光着双脚从内室匆匆跑出来,拉住朱友裕的胳膊,对朱温哭诉道:"他回来向你请罪,这不是表明他没有谋反吗?为何还要杀他?"

朱温看着妻子和儿子,心软了下来,最终赦免了儿子。

一波暂平,一波又起。攻克兖郓二州,郓州节度使朱瑾战败逃走,他的妻子长得貌美如花,朱温见了便起淫心,强纳为妾。朱瑾同朱温是同宗兄弟,朱温此时的行为是强占兄弟之妻,很不上台面,因此,当他带着朱瑾之妻回到驻地汴州,见到张惠时也有羞惭之感。

张惠见朱温动了邪念,但也不露声色,只是请朱温把朱瑾妻子招来相见。

朱瑾妻赶忙向张惠跪拜行礼,张惠回礼后,握着朱瑾妻子的手流了泪,对她推心置腹地说:"我们本来是同姓,理应和睦共处。他们兄弟之间为一点小事而兵戎相见,致使姐姐落到这等地步,如果有朝一日汴州失守,那么我只怕也会落到你这种下场!"

这番话说得朱温脸上火辣辣的,无地自容,想想自己也的确愧对朱瑾。当初如果没有朱瑾的援兵相助,他也不会大败秦宗权,在河南站稳脚跟。这次开战自己也是用了敬翔的计谋,妄加指责朱瑾诱降自己的将士才出兵的。此时已占领朱瑾领地,目的已经达到,何必再强占他的妻子呢。况且妻子已经知道内情,不如顺水推舟做个人情。综合考虑之后,朱温将朱瑾的妻子送到尼庵削发为尼,但张惠却始终没有忘记这个有些不幸的女人,常让人去送些衣物食品,也算是为朱温弥补一点过失。

半月式宫廷传奇

终张惠一生，不知有多少朱温的部将、多少无辜的人受张惠的恩惠，逃过朱温的过度惩罚。据史书记载，后来张惠死时，众多将士悲伤不已。

应该说，张惠是幸福的，虽然在读书人看来，张惠可能实在太不幸了，像她这样的好女子，应该嫁给一个知书达礼、学富五车、风度翩翩的美男子才般配嘛，而不是朱温这样的流氓。于是有人赋诗嘲讽朱温：

居然强盗识风流，淑女也知赋好逑。

试看同州交拜日，鸣凤竟尔配啾鸠。

这首诗传到朱温的耳朵里，再加上唐王朝那帮死守着忠孝礼仪，不识时势不懂变通的所谓清流一直看不起朱温这种从农民军中招安过来的藩镇。于是朱温便把不肯依附自己，且又自认为门第高贵、或经由科第出身而身居三省台阁官员、地位稍微显赫者全部投入黄河。对此，他还发出一句千古名句："你们这些人不是一直以'清流'自居吗，我把你们统统扔进黄河，让你们永为浊流！"

因此有人感叹朱温，真非常人也。自从东方出了个孔夫子，不论是平头老百姓，还是高高在上的天子要想不挨骂，都得对那帮死守着忠孝礼仪、别无用处的酸儒礼遇有加。大家都活得很累，只有焚书坑儒的秦始皇与朱温活出了自我，纵使是号称千古一帝的汉高祖刘邦，也只是往儒生帽里撒泡尿。

活出了自我的朱温，自然不会像那些庸俗帝王，嫔妃年轻貌美时，宠爱有加，嫔妃人老珠黄时，冷宫发配；更加不会在意别人怕老婆、非丈夫的冷言讽语；终朱温一生，对张惠敬畏有加，言听计从。

早逝：红颜终薄命

可怜红颜命短，张惠没有活到朱温称帝，于唐昭宗天祐元年（公元904年）病故。朱温在公元907年称帝后，追封张氏为贤妃。到她儿子朱友贞当皇帝时，追谥为元贞皇太后。

实则张惠去世前夕，唐室大权已经归朱温一人之手。朱温做梦都想早日坐上皇帝的宝座，于是，他加紧部署，把唐宫内外禁军一律撤换，派自己的亲信执掌宫禁大权。

张惠和朱温共同生活了二十余年，就在朱温灭唐建后梁前夕，张惠身染重病。这一年是唐昭宗天复元年（公元901年）。这时朱温正在强迫大唐昭宗让位给他，忽然接到汴州来的急使报告：夫人病危！朱温大惊，立即撇下长安的一切事务，飞马赶回汴州探视。

看到妻子骨瘦如柴，已是病入膏肓，朱温不禁滴下苦涩的眼泪，拉住妻子的手说："自从在同州有缘和夫人成婚，相亲相爱20年，如今眼看大功告成了，你可同我共享荣华富贵，做上几十年的太平皇后，哪知你竟一病不起！"

张氏劝慰道："人生总有一死，妾此生得列王妃之位，已心满意足。"

临终前，张惠还劝朱温道："既然你有这种建霸业的大志，我也没法阻止你了。但是上台容易下台难,你还是应该三思而后行。如果真能登基实现大志,我最后还有一言,请你记下。"

朱温忙说:"有什么尽管说,我一定听从。"

张惠缓缓说道:"你英武超群,别的事我都放心,但有时冤杀部下、贪恋酒色让人时常担心。所以'戒杀远色'这四个字,千万要记住!如果你答应,那我也就放心去了。"说完,闭目而逝,撒手人寰。一代佳人,花落香消。

张惠死后,不仅朱温痛哭不止,就连众多将士也是悲伤不已。前面说过,由于朱温多疑,常滥杀属下,杀人时没有人敢出来求情,只有张惠来解救,几句温柔在理的话就使朱温暴怒平息,因此许多被救的将士都对张惠感激不尽,其他将士对张惠这种爱护将士之情也充满了敬仰。张惠为人和善,对朱温的两个妾也是如此,没有丝毫嫉妒,更不用说加害她们了。朱温因为张惠的贤惠,也没有像其他人那样娶三妻四妾。

唐昭宗天祐四年,即公元907年,朱温率兵灭唐建立后梁称帝,是为后梁太祖。

朱温追封去世的张惠为贤妃,朱温从此再没有立过皇后,就是因为怀念这位贤惠而又有智谋的妻子。

朱温虽然灭唐称帝,但地盘并没有扩大。而昔日的对手却纷纷以讨贼兴复唐朝为口号,联合起来对后梁进行讨伐。晋王李克用是讨伐后梁的核心力量,岐王李茂贞也打着反梁复唐的旗帜,号召天下讨伐朱温。蜀王王建干脆在成都公开自立为帝。一时天下大乱,纷纷列土为王,历史也由此转入了封建割据的分裂时期——五代十国。

张惠悲哀的身后事

可惜，张惠的一片苦心落了空，在她死后，朱温纵情声色，完全忘记了妻子临死时的忠言，竟然和儿媳乱伦，最终惨死刀下，可以说史上最无耻最流氓的皇帝，非他莫属。

朱温生性极为好色，荒淫无度。从前有张惠在身旁监督，他只好把好色之心强压着。但张惠死后，朱温再也无所顾忌了，放浪形骸。

张惠为朱温育有一子，取名朱友贞，被册封为均王。朱温除了有几个儿子外，还有一个养子，名叫朱友文。朱友文本姓康，名勤。由于幼美风姿，好学上进，谈吐得体，所以被朱温认为养子，封为博王。后来，朱温的亲子郢王朱友圭和养子朱友文之间为了继承皇位而大打出手，甚至无所不用其极。而他们的妻子为了争夺未来的皇后之位竟然向公公卖弄风情，出售姿色，争先恐后地与父皇朱温通奸。朱温不仅来者不拒，反而将儿媳妇轮流召入宫中侍寝。这两个儿媳妇便在朱温的耳旁不断吹风。更让人吃惊的是，他的儿子们对父亲的乱伦不但不愤恨，反而恬不知耻地利用妻子在父亲面前争宠，讨好朱温，以求将来继承皇位。

养子朱友文之妻王氏姿色出众，美艳不可方物，朱温对其尤为喜爱,答应王氏将来传位给朱友文。这引起了亲生儿子朱友圭的不满,无奈朱友圭之妻张氏的姿色风情不及王氏,因而落于下风。

果然,当朱温卧病在床,且病情不断加重之时,皇位的天平倾斜在了其养子的头上。一天朱温让王氏通知朱友文前来晋见,以便委托后事。朱友圭的妻子张氏知道后,赶紧密告朱友圭说:"朱温已将传国宝交给王氏去找友文,我们就快完了。",并催他先发制人。

朱友圭得到消息后,立刻利用他掌握的宫廷卫队及其亲信所率的部队发动了政变,连夜杀入宫中。朱友圭的随从冯廷谔当场刺死朱温。朱友圭见朱温已死,用破毡裹住他的尸首,埋在了后梁皇宫的地下。一不做二不休,朱友圭还杀了朱友文及其美妻王氏。

若张惠在天有灵,看到这一幕,将会多么的悲哀。然而,让张惠更为悲哀的身后事,还没有到此止步。

在儿子杀死老子之后,老朱家又上演了弟弟杀哥哥的悲剧。

朱友圭杀父继位后,众兄弟都不服,特别是朱温和张惠所生的儿子均王朱友贞,身为嫡子,更是打起了"除凶逆,复大仇"的旗号,联合魏博节度使杨师厚兴师问罪。在杨师厚的帮助下,朱友贞得到了宫中禁军的配合,最后杀死朱友圭,夺取了皇位。在五代,他是通过兵变夺取皇位的第一人,为以后的兵变夺权提供了效仿的先例。

朱友贞登上皇位后,重用为他夺取帝位出谋划策的赵岩,但赵岩并无治国之才,只会弄权乱政,败坏风气。朝中被朱友贞搞得腐败了，一些老臣在他的纵容下横行霸道，基层的官吏更是敲诈剥削，任意加重百姓的负担。

朱友贞不善用人，派朱友能任陈州刺史，结果，朱友能横行乡里，纵容下属骚扰百姓，最终逼出了陈州农民起义。最后，起义虽然被镇压了，但后梁统治已经到了穷途末路。龙德三年（923年）十月初八，朱友贞与都指挥使皇甫麟先后自刎而死。至此，后梁灭亡，历史步入了后唐时代。

本篇故事开头很惊艳，经过很感人，结局却很悲惨。男主角本是一无赖流氓，残暴好色是其本性，只因美丽的女主角，温顺仁慈得如同菩萨天使，于是男主角一时间也变成了纯情专一的好男人。现在女主角死了，一切都结束了，男主角控制不住自己，滥杀部下、纵情声色，甚至扒灰的事都做得明目张胆。终于，有一天，男主角死于抢夺皇位的儿子手中，不久后梁王朝也被三支令箭传奇中的英雄李存勖所灭。就这样，一代王朝成为了故事，成为了传说。

终朱温一生，皇后的位置始终为张惠保留着，就如同当年始终为她保留正妻之位一样。她死了，却始终活在他的心中，这份爱无可取代，没有人能和她相提并论。从小混混到小队长、将佐再到将军直至封王称帝，朱温的所有努力都只是为了张惠。现在她走了，他的努力还有什么意义？

红尘路上，张惠上演了一场永不褪色的浪漫。夜浓小窗，月色如水，疏影斑驳，私语款款，她用柔情融化了一颗疯狂暴戾的心，她让他理智，只可惜最终，一切努力成空，隔着天云晓月，她在痛惜不已。多少次梦中，她飘逸的身影闪现，将万千情念装扮成长袖红裳。她走了,带走了一个男人的心,也带走了一个王朝的兴衰。是她倾国倾城,风吹帘动,她的一个转眸成为历史的转折。

参考书:

《资治通鉴》(全四册),岳麓书社,2009年1月1日出版

第六章

明妃谈允贤：她就是杭皇后

慈悲，温和，如一朵花，生长，含苞，开放。
虽有阴霾，却能自立自持，不怨不艾。
淡雅，素净，远观，不屈不折。
她用流年，乱了谁的浮生？
浅踏时光，岁月袅娜，谁在暮鼓晨钟里，为你回眸？
她是谈允贤。
她也是杭皇后。
一季荒芜，铅华淡薄，湮没那些年的情深缘浅，彼此之间的对白，
散在眉梢，化为一片纷扰的痴心。
尘埃里的忧伤，消瘦了时光，失去旧时的模样。

王师惊变朝堂乱

公元1449年，钱皇后生了皇子，明英宗非常欢喜，赐名朱见深，并于即日册立为东宫。群臣正在致贺时，忽然西北的警报进京。原来，塞外鞑靼兀良哈部与瓦刺部联合起来，围困了大同府城，西宁侯宋英、武进伯朱冕出城迎战，一个阵亡一个重伤，大败而归权倾朝野的阉竖王振忙进献拒寇之策，说："从前先皇之所以能征服沙漠，都因为是御驾亲征。如今陛下正在英年，您若是亲率大军出征，不但打败了贼寇，也能让他们怕您呀，这样边防上就可永远安全了，您还能青史留美名！"

英宗立时英气勃发，命郕王朱祁钰监国，尚书于谦、王直相辅，自己御驾亲征，由一向重权在握却并不懂军事的王振统领大兵五十万，浩浩荡荡杀奔塞北。因为王振调配不当，兵至居庸关，就因兵多粮少，而军马乏食，饿死的人堆满道路，随驾群臣恳请御驾停止前进，王振却不许，只管喝令进兵。结果一路行来，毫无防备地就进入了敌方的埋伏圈。眼看着贼兵就追来了，王振还在那里喝命拖载辎重，群臣请圣驾走紫荆关，又被王振骂退，于是只得上前迎战。

可一经交手，本已无心御敌的明军好似落叶被风扫，四散逃走。这下子威风八面的王振开始手足无措了，随驾的武臣如朱勇、张辅、陈宁、王贵、梁隽、徐宽等奋力挥械迎战，但矢如飞蝗，不消半刻工夫，张辅等老臣就一齐死在阵中，御前护卫保着英宗逃遁到了怀来县以东二十里处的土木堡。再看这时的王振，伏在马鞍上瑟瑟发抖，御前卫官樊忠气得上前指着王振大骂道："你既然没本事平乱制敌，又为什么要强掌兵权，陷害忠良？！"说着就从腰间拔下一个铁锤，向着王振的头上，只是一下，顿时王振的头颅就被击作了两半，脑浆迸裂死于地上。

这时，瓦剌部的人马把英宗团团围住，护卫樊忠奋战而死，许多将军中箭落马，校尉袁彬和哈铭，拼命保着英宗突围。这时敌兵已愈来愈厚，并且是只往黄罗伞盖下围来，敌兵部首知道黄罗伞盖下穿黄袍戴金冠的必是明朝皇帝，于是就指挥着兵士狠围猛冲，到底在兵将折伤垂尽时，英宗被擒获了。

这就是历史上有名的"土木堡之变"，英宗做梦也没想到他的皇位就将这样不保了。

塞北胡笳凄怆泪

国不可一日无君，郕王朱祁钰择吉日于正统十四年即1449年九月，登殿继大统，他就是明代宗，又称为景泰帝或景帝。

景帝以次年即1450年为景泰元年，遥尊英宗为太上皇，立他的王妃汪氏为皇后，尊胡太后为上圣皇太后，晋钱皇后为圣皇后。

而上皇英宗被掳出塞，住在瓦剌部首领伯颜的营中，虽蒙竭力优待，可上皇总是不能习惯。因为塞北的习俗，无论是官是民，都住在牛皮帐篷里，帐外便畜养着牛羊马匹，在文明国度里安乐尊荣惯了的英宗如何能住得舒服？且饮食都是牛酪马乳羊羔兽肉，臊膻腥味烈烈刺鼻，又如何能下咽？英宗实在饿得没法，才勉强拿些马乳充饥。再加上英宗又时时想念六宫后妃，于是天天嗟叹下泪。幸而有校尉袁彬、蒙古侍监哈铭两个人不离左右地保护且又百般地劝慰着，并陪伴着上皇游览塞外名胜，如苏武庙、李陵碑和昭君庙，上皇游玩塞外风景时倒也稍舒忧肠，然而每到了晚上，听那呜呜胡笳音，不禁又黯然下泪。

鼙鼓胡笳声中的英宗身陷沙漠，忆往昔轻歌曼舞、群臣献媚，而眼下凄凉无边，寸心早揉碎。英宗从小虽然顽皮不愿读书，却也熟悉很多的关于塞外风光的诗词，什么"天苍苍，野茫茫，风吹草低见牛羊",什么"大漠孤烟直,长河落日圆",什么"忽如一夜春风来,千树万树梨花开",等等。塞外的广袤雄奇曾使他在梦寐之中向往之,然而当他的车驾真正行走在塞外大地上的时候,心里剩下的却只有悲哀、懊悔和失望,虽然那个时候他还是黄罗伞盖下的万乘之尊的皇帝陛下。

当初从镶金饰绣的皇驾圣车里望出去,塞外是如此的荒凉,一条条崎岖的道路无边无际地伸向远方,四周一望,茫然千里,渺无人烟。而现在,正值晚秋初冬之时,四面枯草凋零,一片萧瑟,加之这一年的秋季,雨又特别多,风又特别寒,天也特别冷。已为阶下囚的英宗朱祁镇在被迫开始的另一种人生里,塞外景色更是荒漠凄凉,他的心情比这塞外景色还要悲怆。在这里,他再也不能颐指气使,更不会一呼百诺,没有了嫔妃佳丽温柔乡里的销魂夜,不见了笙歌曼舞的快乐长昼事,不再是红墙绿瓦,更不是山珍海味。而这一切,都在他的大明国都、他的皇宫里。现在这里是塞外,这里有的只是风、沙、霜、雪和茫茫大漠。夜晚,帐篷里烧着的牛羊干粪,臭味刺鼻,外面则雨雪霏霏,寒气逼人。枯坐灯下,那份凄苦,那份孤寂,令他不由生出李后主"流水落花春去也,天上人间"的感叹。

这时,英宗的性命也是在死亡边缘上游走,时时暗藏杀机。虽然伯颜信誓旦旦地表示一定恭送他回京。但谁会知道一向言而无信的也先会不会一不如意就改变了主意。还有,就算也先真的送他回去,那又如何呢?新皇已即位,也先屡次遣使议和,均被拒绝。是的,大明国已经不需要他了,他现在已不是大明国人人围着转的中心了,而是一个多余的人了,对于大明国而言,尽管他现在比以往任何时候都更牵挂着大明国,但大明国呢,可能已经把他忘记了。每念及此,英宗都不觉悲从中来,不能自已。

杭妃极受宠

景帝即位以后，杭氏被册封为妃。这时候的她，美艳不可方物，而且正当妙龄，可谓是专宠。景帝特为她建了一座考究异常的宫殿，草木花卉，楼台亭阁，五光十色，应有尽有，仅仅一座亭子，就足足花去了几十万的银子，亭的四周都用水晶镶嵌，而壁间则用五色的宝石和最大的珍珠镶嵌，用白玉石砌阶，用翡翠嵌出各种花彩。一走入花亭中，顿时珠光宝气耀得人眼花缭乱，晚上燃起灯来，更显得霞光灿烂。

景帝的纪妃见杭妃这样得势，就极力巴结，把杭妃奉承得万分喜欢。而杭妃见资深的纪妃在自己面前低头顺气的，就常常在景帝面前替纪妃说些好话，景帝于是就会一个月里召幸她一两次。而纪妃为要讨杭妃的好，总是再三推让，景帝在杭妃跟前赞纪妃贤淑，杭妃就越发对纪妃好了。

可桓妃不会见风使舵，为了一句话触怒杭妃，不到三天，她就被贬入了景寒宫。景寒宫里果然景色寒伧，因多年没有修葺，荒草满径，凄凉令人伤。桓妃带着两个老宫女一入此深宫，就永不得再见天日。

黄昏人静，飞萤入帐，阶下虫声唧唧，风吹落叶萧萧，无边的寂寞孤凄让桓妃悲从中来，想想昔日繁华，转眼犹如尘梦，悲咽抑郁的桓妃不久就病死于景寒宫。

景帝听说桓妃死了，想起昔日之情，就下旨，按照贵妃礼安葬，又让那两个侍奉桓妃的老宫女活活地做了桓妃的殉葬品。一丘荒冢里，两个鲜活的生命一点点窒息而死，痛苦不堪言。可她们惨烈的痛苦却换来了负心帝王夫君的心安理得，他认为只有这样，桓妃在那个世界就可以不寂寞了。

自从桓妃惨死之后，六宫嫔妃个个心惊胆战，杭妃也愈加恃仗宠幸，宫女等稍有违逆，就下令杖毙，可怜那一群红粉娇娃也不知枉死了多少。渐渐地，杭妃的横行霸道开始升级了，她欺霸到了汪皇后头上。

汪皇后的为人也很聪明，只不过她不是纪妃，纪妃的聪明是狡谲诈伪，而汪皇后则不然。杭妃开始的时候，还能按着礼节于朔望日拜望汪皇后，后来圣宠日隆，杭妃不但朔望不朝，而且连佳节元旦也不去向汪后行礼了。汪后见杭妃势焰正张，打定主意不计较，于是她做她的贵妃，我为我的皇后，倒也相安无事。

谁知纪妃却暗地里撺掇杭妃，设法弄倒汪后。杭妃便也对中宫皇后之位动心了，于是两人日夜密议，贿通了总监廖恒、司衣监项吉，叫他们留心汪皇后的错处，以便寻找发难的机会和理由。

景泰三年（1452）年春二月，正当百花齐放，杭妃生下了一个皇子，取名朱见济。

景帝这一喜非同小可，连日来大摆喜筵，然后，他就与中官兴安商议太子一事。于是不久，陈循、高穀、江渊、王一宁、

第六章 明妃谈允贤：她就是杭皇后

萧镃、商辂等就联名上奏，称："陛下膺天明命，中兴邦家，绪统相传，宜归圣子。"这意思就是说，皇位应当传给景帝亲生的儿子。原来在登基之初，景帝立哥哥英宗的儿子朱见深为皇太子。现在，景帝是要废黜朱见深，改立自己的儿子朱见济为皇太子。

果然，这道奏折一呈入，不到半日，就得到圣旨许可，命令礼部为易储仪式做好一切，于是早已立好的英宗太子朱见深，就让位给了景帝的皇子朱见济，改封故太子朱见深为沂王。

太监兴安因易储有功，也被格外宠用。

与太监兴安的命运截然相反的是汪皇后，她为人虽然在小事上非常识时务，但在大事上却刚正不阿，正是所谓的小事糊涂大事明白，所以在易储这件事上，汪后竭力劝阻景帝，她说："本来陛下是监国的，现在得以登基，已属万千之幸。在您百年以后，理应把帝位交还皇侄。况且储位早定，且已诏告天下，如何可以轻言易换呢？"

汪后再三力谏，终于惹得景帝回敬她说："你所生的全是女孩，就是没有儿子，所以你才妒忌别人生的皇子当太子，对不对？难道你没听宣德年间的故例，胡皇后让位之前车尚在，你是不是也想效法呀！难道朕还要你来管教吗？！"说完就起身到杭妃宫中。这时的杭妃自恃皇子，圣眷更隆，权威也愈大。

汪后呜呜咽咽地哭了一夜，哪成想第二天就有圣旨下，命令废去汪后，立杭妃为皇后，虽有群臣苦谏，景帝就是不听。

杭昱，女为景帝妃，生子见济。景泰三年，帝欲废英宗子

而立己子，乃废皇后汪氏，册妃为后。昱累官锦衣卫指挥使。

——《明史·外戚》

短短几年时间，杭氏就由普通的民间女子成为当朝皇后，且儿子又是太子，真可谓平步青云了，她的父亲杭昱也被封为锦衣卫指挥使。

杭皇后沉浸在幸福中，可惜好景不长，没福气的景帝皇子朱见济在立为东宫后，仅一年多时间，就在景泰四年十月（1453年），一病而呜呼哀哉了，年仅五岁。景帝悲恸欲绝，这之后，朝臣中有上书力争请立前太子沂王朱见深的大臣，不是被流放就是下狱杀死，甚至多日酷刑拷打不停，于是，朝臣们再也不敢提起立储的事。

第六章 明妃谈允贤：她就是杭皇后

归来：囚禁南宫

早在此前几年的1450年，瓦剌部遣使入京来说，决定送还上皇英宗，让景帝准备迎接回来。景帝却在迎与不迎的问题上犹豫不决，奉迎上皇事小，上皇回来后如何安置事大，因为如果太上皇要归位也是名正言顺。对皇帝而言，权力就是命运，放弃权力就等于把自己的命运交与别人。这是皇朝的规律，景帝在这一点上认识得非常清楚。所以，上皇英宗回来之后，就与胡太后、钱皇后等入南宫居住。

这所南宫在东华门外，还是建文帝时期的行宫。幽居南宫的上皇在名义上很是受到尊崇，但其实形同禁锢。闲庭草长，别院萤飞，每逢佳节或寿诞，没有一个朝臣前来朝贺，因为朝臣这方面的奏请，一概被景帝置之不理，并且景帝还下旨群臣，明确规定不许朝参上皇。因此群臣谁也不敢私下里去朝拜上皇，除非是不想活了，但人人都想活，所以就没有一个人到上皇那里去朝拜。

景帝对于来自南宫的任何微小动静都会大生猜疑，由于不放心，不久以后便命卫士把南宫的大门守住，不准上皇出入。这样一来，上皇就好似罪囚一般和南宫外的世界断绝了联系。南宫的大门终日紧锁，每天的膳食都是从门侧的一个小小的穴口中递进。如此严密的防范仍不能使景帝完全放心,最后他下令伐尽南宫树木,以防有人逾越高墙,与太上皇取得联系。

失而复得的皇权

转眼间就到了景泰七年，1456年的元宵刚到，好不容易做了皇后却又因儿子朱见济之死而悲伤过度的杭皇后患了风寒，很快寒热交侵，病症加重，一到仲春也呜呼哀哉了。

杭皇后死后，被谥为"肃孝皇后"，景帝又为她修建陵墓，号曰"寿陵"，任命杭皇后的哥哥杭敬、弟弟杭敏为锦衣卫百户。

景泰七年二月庚申（二十一）皇后杭氏死，辛酉（二十二）任命其弟杭敬为锦衣卫百户。

——《明实录·明英宗实录附景泰实录》

杭皇后的死，让景帝不免又是一番心伤，一病就是八九日不能临朝理政，于是百官都惶惶不安，都去问安于左顺门，太监兴安却态度狂傲，让大臣们很是寒心。

武清侯石亨和太监曹吉祥、太常卿许彬、都御史徐有贞、都督张祐等就商量着要请上皇复位。在开始行动的那天晚上，石亨率领劲卒，先奔往南宫，可是宫门早已封得沉重如山，徐有贞手握着铁锤敲了半天，怎奈里面屋宇宽敞、宫闱幽深，一点反应也没有。于是兵士就去拆了附近民房的石柱，悬在宫墙上尽力地撞，可是宫门仍丝毫没有损毁，倒把墙垣震撞得塌了下来，随着天崩地塌的一响，众人就从墙缺口处的瓦砾中奔入了南宫。

这个时候，上皇还没有睡，他已如约等在上书房，宫门再坚固、防范再严密也无法阻挡内外的合谋。看众人向他俯伏称万岁，上皇仍有些犹豫，徐有贞朗声说道："人心一致，请陛下速登圣舆！"

上皇登舆后，众人就簇拥着向东华门进发。到了城下，有守门卫士拦阻，石亨大喝道："奉接上皇进宫，谁敢阻挡？！"卫士一见是上皇，慌忙开门，任凭石亨、徐有贞、张祐、许彬等一拥而入。到了宫门前，又被太监拦阻，徐有贞高声叫道："曹吉祥在哪里？"早已准备好了的曹吉祥打开了乾清门，奉天殿上，许彬、张祐扶上皇登上宝座。物换星移，风云突变，时隔九年之后，英宗终于再次端坐在奉天殿的宝座上，重新成为了大明主宰。这一年，他三十一岁。

电掣雷轰埋忠魂

英宗的皇帝宝座一坐稳,徐有贞马上就去当当地撞起了景阳钟。群臣闻声而至,却原来不是景帝病愈临朝,而是太上皇复位。这些文武百官本来就是英宗昔日的旧人,此刻他们一齐跪下三呼万岁。然后许彬传英宗谕旨,命少保于谦和大学士陈循,草诏布告天下,大意是说"景帝监国窃位,擅立储君。朕得臣民推戴,重践国祚,大赦天下"。英宗又发第二道谕旨,宣称奉太后谕,废景泰帝仍为郕王,送归西内。改是年为天顺元年。

景泰三年,妃杭氏生子见济,景帝欲立为太子,而废宪宗,后执不可。以是忤帝意,遂废后,立杭氏为皇后。七年,杭后崩,谥肃孝。英宗复位,削皇后号,毁所葬陵,而后仍称郕王妃。

——《明史·列传一·景帝废后汪氏》

英宗对当年景帝废去自己儿子朱见深的太子之位怀恨在心,迁怒移仇,所以他非常痛恨杭皇后母子,下诏削去杭氏的皇后封号,将"肃孝皇后"的谥号废去,同时还毁坏了她的陵墓。此时,杭皇后的父兄已死,英宗便削其弟杭敏之职,命还归乡里。而杭皇后所生之子朱见济,虽然死去,也得由"怀献太子"

降为"怀献世子"。

到了中午,英宗第三道圣旨又下来,逮捕少保于谦等下狱,理由是于谦依附景帝作奸,罪在不赦。这个时候,于谦等人还列队于朝堂的群臣之中,当场就由锦衣卫一一牵出,投入狱中,真是迅雷不及掩耳之势。

同时英宗下谕,对复辟的功臣一一封官赏赐,一朝天子一朝臣,尚书王直、学士高毅等人,都很知趣地上书乞归。

至此,这场史称为"夺门之变"或"南宫之变"的大事件,宣告成功。

新任兵部尚书许彬审讯于谦,他诬陷于谦有"上章易储、迎立外藩"之罪,于谦虽然遭受酷刑,却坚决不承认。石亨因为一向与于谦不和,就让许彬直接捏造假口供入奏。徐有贞也与于谦不睦,也在英宗面前捏造事实。于谦之所以与这群小人结怨,是因为他公事公办,不能如小人之所愿,便招致小人之所怨。而于谦作为景帝最为依仗的重臣,又是兵部尚书,相当于现在的"国防部长",他的命运其实早在英宗复辟的时候就已注定了。

于谦是尽忠报国之士,但太过于书生气,断案时脑筋极其活络,却不善于权术,在官场里古板僵持。如此刚烈的性格决定了他遇事有不如意时,动不动就抚胸振臂地长叹道:"此一腔热血,意洒何地!"

这就是于谦,做事不避嫌怨、不避风险,一心想在污浊的政治现实中独树清洁廉正的形象,但这也造成他个人的孤高不群和官员们对他的误解和疏离。而太过于追求政治的纯洁性,显示出不切实际、不计后果的激进倾向,和自以为是、刚愎自用的刻薄态度。应该说，于谦更适合于危难之际担起重任，在治世方面，于谦与现实格格不入的"以德治国"，且显得过于凌厉无情和颐指气使了。因此他招致小人怨恨为必然之事。

此外，宣宗赏识，景帝倚重，政治上的大用和为官的清廉让他充满了道德优越感，使他成为一个严厉的道德设计人和律法者，所以他支持迎回上皇英宗，也是出于道德考虑，而无政治远虑，终酿杀身之祸。

当锦衣卫奉命查抄于谦的家时，一看于谦居然是家无余资，只有正屋中有几件御赐的物件，连查抄的官吏也为之涕零。

当于谦知道复辟的英宗皇帝要把他处死，并籍没全部家产、家人戍边后，有着严格道德自律精神的他不仅慨然赴死，而且还留下一首千古传诵的诗：

粉身碎骨浑不怕，
只留清白在人间！

由于小人唆使，于谦是被酷刑处死的。当时，英宗犹犹豫豫地说："于谦打败也先，于国实在是有大功，似乎是应该在赦免之列啊。"石亨厉声道："今日不杀于谦，难保他不再助景帝窃国！"一句话击中英宗痛处，当即就下旨将于谦斩首弃市。

就刑前的于谦，在前一天夜里就被砍去了手与足。结果当天夜里，风疾雨狂，电掣雷轰，从天空中猛砸下来的冰雹，大如鸡卵，击毁奉天门的一角，连正阳门下的巨大马牌，都被砸飞。石亨家内更是水深数尺，曹吉祥门前的两棵大树都折断了，闹得人心惶惶，都说这明明是天意示警。但监斩张祐却敢于逆天行事，他毫不在意地从狱中提出于谦，绑赴法场。行刑之时，愁云惨雾满蔽天空，京城百姓拥挤在街道两旁，无不为于谦泣下。猛然间，日色无光，风更暴雨更骤，飞沙又走石。

于谦的尸首弃在市上，有千百成群的乌鸦围绕着，赶也赶不走，足有七八天尸身就是不腐溃。后来于谦的同乡都督同知陈逵冒着巨大的风险，收敛了于谦的尸体，带到杭州葬于西子湖边，墓碑上题着："少保于公墓。"再后来英宗醒悟过来，杀了石亨、徐有贞等，并恢复于谦官位，追封谥号忠肃。现在的西湖边上，还有于忠肃公墓。当时，张祐斩了于谦后，正骑马走在回去复命的路上，忽然一个筋斗跌下马来，顿时七孔流血死于地上。张祐得封太平侯，显贵不过月余，就暴毙了。而许彬回到家中后，突然满身青黑，痛苦不已，直直呼号到半夜就咽了气。

一丘忠魂荒冢，苦雨凄风看世事沧桑，夕阳衰草永伴埋魂处。春日游人经过，都要徘徊凭吊一会儿，一片荒草埋孤坟，忠名流芳传千古，于谦真的给自己留下了清白，在万世人间。

残酷的殉葬品

病卧宫中的景帝正值残梦初回、炉香欲烬之际，忽听朝堂上钟鸣鼓响人声嘈杂，还以为是于谦有什么紧急军情要奏告，于是忙命左右内监去探听，结果却是太上皇复位了。景帝一听，全身剧烈地颤抖起来，狠力地捶着床，恨恨地道："好！好！好！"然后就气喘不已，颜色大变，再也说不出话来了。

接着，景帝被废，软禁于西内，不过几天，便气死于永安宫，当然这是英宗想让外界认为的景帝死因，他可不想让自己派太监蒋安用帛带勒死景帝的事，传之于世人和后人。

年仅二十九岁、做了七年皇帝的景帝死后，被英宗以郕王的规格，安葬在金山，与所有夭殇的王爷，同葬一处，至于景帝生前为自己营建的陵墓寿陵，早就让英宗下旨拆毁了。

同时英宗还下令，让郕王的妃嫔殉葬。这种殉葬叫作人牲，于是一个花容月貌年仅十七岁的被景帝册封为唐妃的女子就成了这样的人牲，她在痛哭了一场红颜命薄后，当即自尽。而当初她为景帝所喜爱，所宠爱，所关爱，一如当初的杭妃，只不过，一切刚刚开始就匆匆地结束了。

景帝在明宪宗成化十一年被恢复了帝号，追谥为景帝，并修缮陵寝，祭飨与前帝相同。汪后虽然死后被葬以妃礼，而祭祀则用皇后大礼，与景帝合葬在金山，追谥为景皇后。而杭皇后却得不到这些，她还是被彻底否定了。

风雨停　生命息

天顺八年即1464年正月，英宗就卧病文华殿。他躺在榻上，静静听着窗外雨声的低吟，逐渐停息。

"怎么，雨停了？"他明知故问。

是的，雨停了。雨总有停的时候，就像泪总有流干的时候，烛总有燃尽的时候，生命也有终结的时候。

在生命的末路，在最后的时光里，英宗想起了很多，有先皇在立他为太子时眼中的慈爱和期许，也有王振在他童年时用滔滔不绝令人耳眩的精彩言语和巧口利舌为他营造的欢乐，更有土木堡血肉横飞的厮杀场面。大漠凛冽的寒风和一望无际的凄清让他想起了在那里和他患难与共的袁彬和哈铭，以及掳掠他的也先在从京都败退后，当时粮草已尽，也先从火堆里取出一块香喷喷的马肉给他果腹。那份马背民族的豪迈不羁和义薄云天，让他一辈子都感动。还有，他忘了南宫里长达八年的清冷岁月，夏日里，他喜欢独坐树荫下，可不久，锦衣卫得知，上报景帝，于是这些树就被砍掉了。

只活了三十八岁的英宗，从他在位十四年时被掳，复辟后又是跨了八个年头，共登极二十二年。在英宗朱祁镇三十八年的人生岁月里，他做了八年的太子和二十二年的皇帝，还过了八年的禁闭生涯。既有不识愁滋味的放纵，又有失去自由的孤寂落寞，还有皇位失而复得后的勤政。

英宗去世后，在他留下的遗诏中，明确地罢除了宫妃殉葬，明宫从此再没有活活做人牲殉葬的如花宫妃。到此为止，中国封建帝王以活人殉葬的残酷习俗才得以结束。这是英宗在历经磨难之后，对生命的一份领悟和珍惜，也是他唯一为后人称道的仁义之举。

此明妃非彼明妃也

在电视剧中,谈允贤被称作明妃。明妃一般指的是王嫱也就是有落雁之美誉的王昭君,但历史上也确有谈允贤其人,作为明朝的女医生,她成就卓著,列为中国古代四大女名医之一。谈允贤是江苏无锡人,其祖父曾任南京刑部郎中,是当地的名医,其祖母对医药也十分精通。

谈允贤从小便受到良好的家庭教育,在祖父母的指导下学习医药知识。婚后不久,她得了气血失调病,但她不仅没有因此而放弃学医,反而把自己所患的疾病作为研习对象,自己给自己开方配药,终于治好了自己的病。不久,她祖母卧床不起,临终前将全部秘方和制药方法传授给她。在封建社会里,由于封建礼教的束缚,一些闺阁千金和富豪眷属生了妇科病后,羞于请男医诊治,因而常常贻误病情。谈允贤医术精湛,远近闻名,为女性求医提供了方便,很多女性患者纷纷前来就医。后来,谈允贤成了当地专治妇科病的女医生。谈允贤享年九十六岁,她治愈的病人不计其数。

五十岁时,谈允贤根据祖母传授的医术,结合自己多年的临床经验写成了一部《女医杂言》,传给后人。《女医杂言》共收载病案三十一例,是中医史上较早成书的个人医案之一。

该书主要记载的是妇科病案,其中涉及流产、经病、产后诸疾、腹中结块诸证,并记载了谈氏对灸法十分娴熟的运用,因而又是我国古代很少见的专科医案书。

《女医杂言》采用追忆的方式撰写医案,因而,每一医案的诊治过程都很清楚明晰。其中记录的案例不多,但是从临床治疗角度看,都是十分成功的案例,很值得后世医家参考。由于当时女子不便抛头露面,所以《女医杂言》一书是由谈允贤的儿子杨濂抄写付梓的。可惜,她没有再写医书。因为她的儿子不幸早亡,她的孙子也因株连获罪而死。一位女子,在晚年遭受如此重创,自然也就无心著述了。

据悉,《明妃传》全剧讲述了奇女子谈允贤在严苛的封建礼教束缚下,通过自己的努力成为明朝首位女国医,并与皇帝英宗、其弟景帝之间发生的纠结缠绵的传奇故事。

在明代,民间精通医术的妇女渐多,皇帝规定由衙门选取其中的佼佼者,到司仪监御医处会选,选中的入官册,以备召用,许多民间女医都以此为荣。作为当时医术精妙、颇有名气的医婆谈允贤,自然是凡有皇家眷属生病,羞于请男御医诊治的,都请谈允贤入宫医治。当时,宫廷医婆的身份地位和荣华富贵,是十分令人羡慕的。奶婆、稳婆和医婆是中国古代女性中较为特殊的人物,深为妇女所钦慕。其实,对奶婆来说,离开自己嗷嗷待哺的幼子,用自己的乳汁去喂养他人,连饮食起居、服饰举止都必须按一定的规定,如有的奶婆被强迫天天吞食糖煮蹄髈等增加乳汁的食物等,实际上已相当于一架产奶的机器,

第六章 明妃谈允贤：她就是杭皇后

但是，优越的地位和丰厚的财物使得她们不但不以此为辱，反而争相入选。

谈允贤是明代的女医官无疑，但谈允贤"明妃"的封号和与明英宗的爱恨情仇就有待验证了，因为按照时间来说朱祁镇（1427—1464）年，而谈允贤（1461—1556）年，也就是说朱祁镇死的时候，谈允贤才三岁，两个人根本不是一个时代。谈允贤的原型是杭皇后，也就是景帝朱祁钰的第二任皇后。因此，从历史的角度来回答谈允贤是谁的妃子这个问题，她自然是景帝朱祁钰的妃子了。

杭皇后作为明代宗（景帝）朱祁钰的第二任皇后，本来在死后谥为"肃孝皇后"。但随着英宗复位，被削皇后号，毁所葬陵。她作为明代宗继皇后的身份不被明朝正史认可，算是明代后妃中的一位悲剧人物。可怜的她，最后什么都没有了，就连一个于事无补的身后名分都没有捞到。明代史书中，没有为杭皇后单独立传，凡认可朱祁钰郕王身份者，只将汪废后作为郕王妃；凡承认明代宗皇帝身份者，只认可汪氏为皇后。总之，杭皇后不论作为郕王侧室或代宗继后，皆不得明朝正史认可，但她曾是朱祁钰的妻子是毋庸置疑的。

花事终，半卷秋风凉，诸事回首痛。话语凉薄，那般的凄切，那般的刺痛，俱掩在低眉浅笑中。霜冷入骨，寒彻柔肌，万世劫难终究是躲不过的迎顶之灾。

不过是在最深的红尘里相遇了一场，如花美眷的繁华锦绣，最后徒然伤怀，处处衍生着痛楚。长亭古道，风化的地老天荒，是冥冥之中的宿命。

蹉跎岁月的序幕，潋滟一缕幽香，她仍在时光里流离失所，一次次被是非羁绊，不知拿什么去祭奠那些爱、那些事、那些生命里戛然而止的人？

如果爱是握不住的流沙，请别把思念留下。随手扬去的故事，只愿后世记得似水年华里曾有过的美丽的爱情。

参考书：

《明史》，中华书局出版社，1974年出版

《明实录》资料查阅

第七章

柳如是：充满正能量的风尘女子

画舫中，秋月春花，不知寒暑。
垂杨小桥绣幕，尔闻室外炎凉路。
况是樱桃薇院也，堪悲。
皇皇多列士，侠骨让红唇。隐隐河东柳，国艰于死，
悬棺矢不臣。当年事，宝马轻车，复社评点今古。
儒冠著，清词简约，燕台妙句芳唇吐。春光谁主？
晴空觅个癫狂处。她卸下点翠金钗，蘸了朱砂墨刻下的字迹，
横竖撇捺，可那前尘往事是不可追的绝弃。
她书下飘逸柳体，嵌进了用诀别血泪撰写的诗集，
字里行间，可有那安得与君相决绝的心悸？

八艳之首

她的一生中有过多次角色转换，从丫鬟到侍妾，再到"秦淮八艳"之首、尚书夫人。她书画双绝、美艳绝伦，无数达官才子以一睹红颜为幸，然而她性格孤傲，且心怀天下，多情重义，非一般青楼女子可比。她因读宋朝辛弃疾《贺新郎》，中有："我见青山多妩媚，料青山见我应如是"，故自号如是。

她十岁开始青楼生涯，是为风尘女子，以其文才诗艺，冠以"秦淮八艳"之首。有《戊寅草》《湖上草》《东山酬和集》《红豆村杂录》《河东君诗文集》《尺牍》与《我闻室鸳鸯楼词》等作品传世。其数量之多，文辞之美，令人咋舌。她的画作皆意态淡远，画中景色人物多为自喻自况，微显美人绝世独立、孤高自赏之态，后人评论她的画"娴熟简约，清丽有致"。故宫博物院藏有她的《月堤烟柳图》。书法深得后人赞赏，称其为"铁腕怀银钩，曾将妙踪收"，历来为收藏珍品。她深得虞世南、褚遂良笔法，传世之作有题望海楼"日毂行天沦左界，地机激水卷东溟"一联。陈寅恪先生曾说："当日河东君在同辈诸名姝中，特以书法著称。"

她就是活动于明清易代之际鼎鼎有名的柳如是。

纯情时代：愿为罗衣裳　玉体同温凉

崇祯六年的春天，柳如是进入她的纯情时代。那是青衫磊落的少年书生宋辕文，体健貌端家世好，有几分才气，就连大他十岁的陈子龙都对他的诗文推崇备至。

宋辕文与柳如是同龄，故而比起其他的才俊，柳如是与这位宋公子更为投缘。彼此饮酒赋诗，游山玩水。她是清秀佳人袖舞回风，他是翩翩公子倜傥俊逸，在旁人眼中，确是一对璧人。

宋辕文出生于云间望族，宋氏家族可追溯至宋徽宗时的赵宋宗室，自靖康之变后随宋室南迁至杭州，到宋末乱世又自杭州迁居到松江华亭，积世累月，遂成著姓望族，深孚众望。

崇祯五年（1632年），在陈眉公寿宴上，柳如是献诗一首。其身影清丽，如同轻盈的蝴蝶翩翩然穿梭于其中，往来谈吐稳健儒雅，举手投足俊逸脱俗，不单令寿星眉公啧啧称奇，就连当时傲气一时的几社文人陈子龙、宋辕文、李雯等也为之侧目。

宋辕文在陈眉公的寿宴上与柳如是一相遇，便为她写下了著名的《秋塘曲》，将她袖光照座，洒脱仪态描摹得入木三分。她的惊鸿亮相，惊艳了他的世界，自此她的倩影便成为了他年少的生命之火、灵魂之光。他对她的喜爱更多是对其气度的敬仰，令他眼前一亮的，是她的铮铮之气。

以此契机，宋辕文便常约了几社公子来与柳如是游玩，和韵步诗，即席唱酬。柳如是的靓丽姿色与敏捷诗才相辉映，而举止的不拘于俗更是令宋辕文自此倾心。柳如是才情横溢，或浅唱低吟，或高谈阔论，或袖舞回风，或即席分韵，都叫宋辕文为之迷醉、倾倒。

锦屋销香，翠屏生雾。妆成漫倚纱窗住。一双青雀到空庭，梅花自落无人处。回首天涯，归期又误。罗衣不耐东风舞。垂杨枝上月华生，可怜独上银床去。

宋辕文着迷于她的一言一行时，曾为她写下了各种热烈的情书。这首《踏莎行》当中的"垂杨枝上月华生，可怜独上银床去"写尽了他为柳如是辗转反侧、日思而夜不能寐的情景。他决心娶柳如是为妻，但柳如是对这位公子哥儿的话却是将信将疑。即便他表现出如此的热切之情，柳如是还是顾虑重重。从周府出来的她，希望得到的是一份全心全意、不顾一切的爱。虽然终日同宋辕文游山玩水，泛舟对诗，她还是想进一步试探他对这段感情的投入。因此，她在宋辕文面前恣意纵横，展现着自己种种的风姿异彩。她把握住了宋辕文抛来的红线，却想试试这红线是否能将两个人绑牢。

是年冬日，北风凛冽，清寒的湖水在堤岸边漾动，两岸的柳树已在瑟瑟寒风中显露出颓败之气。柳如是约了宋辕文到舟中相会。

宋辕文以满腔的真诚来追求柳如是，比如说那日早晨，他应约而来。

当时，宋辕文心热如火，不顾腊月寒冬，早早奔赴白龙潭。

第七章 柳如是：充满正能量的风尘女子

天尚未大亮，明晃晃的湖水上一片迷蒙。宋辕文直奔着柳如是的小舟而去，远远地在湖边唤着她的名字。

柳如是在舟中隐约听到外面声响，轻卷帘栊往来声处望去，朦胧间瞥见宋辕文站在岸边，柳如是佳人慵起，只令侍女传话，让他切勿登舟，郎君真要是有意，请跳到水里等我。

这分明是半带撒娇半带打趣的话，偏这个宋辕文是个实心眼儿，扑通一声就跳进了冬天的河里，宋辕文在潭中衣衫全湿，脸色霎时冻得铁青。

柳如是在帘后听得声响，又是好笑，又是心疼，又是感动，赶紧令船夫将小舟撑到宋辕文身边，急忙将他拉上了船。

被衾尚暖，她拉他入怀，用自己的身体为他取暖。他拥着她的一腔柔情，却又躲躲闪闪，怕自己冰冷的体温冻着了娇小的身躯。

她以为他奋不顾身为自己跃入潭中是相爱的诚意和决心，以为这缱绻的片刻温存便是永远的幸福时光。自此，柳如是与宋辕文的爱情，因寒潭试真心而达到了高潮，之后他们恋爱了。

快刀断情弦

宋辕文白龙潭的这一跳，不仅惊了柳如是，更是惊了整个松江城。宋家在松江城也算是大门大户，这样的消息流出，宋老夫人大为震怒。

那一天，宋老夫人端坐于堂前，教训儿子悬崖勒马，回头是岸，宋辕文无力地辩解道，说，她从来不要儿子的钱。

"哼！"宋老夫人冷笑一声，吐出一句话，"她要的不是你的钱，是你的命！"

接下来，宋辕文的父母一方面控制他，让他不得随意外出；另一方面，宋家买通了松江郡守，借驱逐外来游伎的名义将柳如是彻底赶走，以绝后患。

于是，柳如是的那一叶逍遥扁舟就妨碍了郡守大人，竟然被限期。

于是，柳如是再次陷入走投无路。

而宋辕文迫于压力，连日来，对她已经是日渐疏离。

年少轻狂的爱情就是这样美得纯粹而直接，但往往让人忽视了越美好的东西毁起来也越容易越彻底。所谓彩云易散，琉璃会碎，说好的"琴瑟在御，莫不静好"，到头来只不过是一幅来不及兑现的美好画卷。

第七章 柳如是：充满正能量的风尘女子

只是这情字之下，置身于其中的痴儿女，一时还看不破，比如柳如是，此时的理智，还是要给情感让道。她如同所有痴于情而寂寥伤痛的女子一样，哀怨惆怅地作《伤歌》遣怀："人居天地间，失虑蛾眉。得之讵有几，木叶还辞枝。诚恐不悟此，一日沦无期。俦匹不可任，良晤常游移……谁能见幽隐，之子何来迟？"自伤之下，郁郁不得解。

画舫外，白龙潭虽已没有了冬季的寒冷，然春日的气息却未曾带给柳如是任何温暖和希望。这时节，腊梅花已然萎谢，桃花才开始露了花苞，雨水浸染多日的白龙潭，更多了些许寒气。

宋辕文唯母命是从，手中更无多少可供自由支配的财物，也就是说宋辕文现在根本没有独立的能力。倘若不是因为将被驱逐这件事，柳如是与宋辕文之间，也不过是浓情转淡，最后不知不觉间就分离了。

眼下这件事却反而给了柳如是一个了断的契机。对于柳如是，这是一个难关，亦可视为突破瓶颈的一个机会，若宋辕文英雄救美，就此娶了走投无路的她，郡守大人的命令自然落为一句空话。桃花逐水，柳絮因风，只盼自己能免遭再度流离失所的漂泊苦痛，柳如是多么希望宋辕文能够伸手相救啊。于是，她请了宋辕文前来，希望他能帮自己脱籍，但是从宋辕文的日渐疏离中，柳如是分明感觉到这春意初露的白龙潭，酝酿着的并非是春回大地生机盎然的大团圆。

宋辕文不大情愿地赶来轻舟。

案几前，上置古琴一张，倭刀一口。

对于她的处境，宋辕文嗫嚅半日，才给出一个解决之道：不妨暂且避避风头。

柳如是闻听大怒，一脸娇媚顿换秋霜，激愤地说："别人这么说倒也罢了，但你怎么也这么说？从今往后，我与君恩断义绝！"

说罢，手起刀落，电光火石的一瞬，铿然一声，桌上的那张七弦琴，便根根琴弦俱断。

宋辕文骇愕而出。他未曾想到她竟心性如此决绝，没有期期艾艾，没有一哭二闹三上吊，挥手之间，斩断的分明是剪不断理还乱的情丝。这"闻君有他意，拉杂摧烧之。摧烧之，当风扬其灰。从今以往，勿复相思。相思与君绝"的坚厉与决断，这恩断义绝的一幕，让他目瞪口呆。

他就这么失去了她。

当他确定"已失去"，宋辕文又开始了痴情相追，写下一首首怀念的诗：

宝枕轻风秋梦薄。红敛双蛾，颠倒垂金雀。新样罗衣浑弃却，犹寻旧日春衫着。

偏是断肠花不落，人苦伤心，镜里颜非昨。曾误当初青女约，只今霜夜思量着。

尽管宋辕文之后写下诸多诗句来表达对她的思念，但无论他再如何黯然神伤，离开他的那个柳如是终究还是回不来了。

然而，无论当初在宋辕文面前挥刀断弦时是如何的毅然决然，转身之际时是如何的华丽洒脱，当初的枕上盟约，纸上诗词，舟中欢好，这些岂是说断就能断，说忘就能忘的？旁人只道她游戏人间，泛舟恣意，但从宋辕文跃入潭中那一刻，她便动了真心。年少天真，以为一时的缱绻，便是一生。当她全情投入之时，他却想抽身，与她山水相隔，不相往来，让她如何意能平？这场恋情，为柳如是心中留下了不安的种子。此后，她的爱不仅是要热烈如火，更是要有足够有力的臂弯可以将她呵护，使她免遭流离失所，许她岁月静好，现世安稳。

或许，时间是治愈情伤的一剂良药。在日常生活的平淡无奇中，那些过往记忆也被逐渐收入脑海深处，不再想起。你侬我侬羡煞旁人的日子，不过只是前尘往事，与现实再无相关。她和他都是那么不成熟，随着岁月的洗礼，当初小儿女的言笑晏晏，不过只是成长初期的人生一隅而已。

泪别长亭

崇祯六年即 1633 年,柳如是和宋辕文、陈子龙等人泛舟松江府白龙潭。席上,柳如是言语激昂,宋辕文赞赏她的男子豪气,觉得柳如是的说辞不类平常闺阁语。柳如是落落大方,有男子气概,豁达开朗,每常读书,读至梁红玉在京口金山擂鼓之事,常击节赞赏,以此自比梁红玉。在与名士交往期间,柳如是不以风月事为乐,倒常与他们畅谈平生之志。

那一年,她正是十五六岁的年华。遭遇了此生最初的心动,在那个少有寒冷的江南秋天,陈子龙进了她美丽女子清俊的芳华。她的绝艳是高高在上的,一如她身份的低微,若花瓣之委落尘埃。她赫赫艳名是河上的风,漂荡在秦淮河畔的脂香粉腻之上。

这世间,多的是风里来去的萍水之缘,她在这尘缘里行过,如涉尽千年。她不要他就此走过,此生此世,她都要守住他明净的笑靥。于是,在那个冬天,他行经她的门外,而她,却将西风踏破,以一种俯冲的姿势,俯冲进他短暂而绚美的生命。

崇祯六年深秋,陈子龙要进京赶考求取功名,他与柳如是泪别长亭,柳如是有诗《送别》相赠:

其一:

念子久无际，兼时离思侵。
不自识愁量，何期得澹心。
要语临岐发，行波托体沉。
从今互为意，结想自然深。

其二：

大道固绵丽，郁为共一身。
言时宜不尽，别绪岂成真。
众草欣有在，高木何须困。
纷纷多远思，游侠几时论。

陈子龙亦挥笔疾书，作《录别》相和回应：

悠悠江海间，结交在良时。
意气一相假，羽翼无乖离。
胡为有远别，徘徊临路岐。
庭前连理树，生平念华滋。
一朝去万里，芬芳终不移。
所思日遥远，形影互相悲。
出门皆兄弟，令德还故知。
我欲扬清音，世俗当告谁。
同心多歧路，永为皓首望。

这样缠绵着分手，真让人如再见碧云天，黄叶地，仿佛西风紧，吹北雁南飞，离人泪下谁解霜林醉。只是，崔莺莺等到了她的花好月圆，然，天不遂人愿，有"邺下逸才，江左罕俪"之誉的陈子龙竟出乎意料地名落孙山。

　　崇祯七年春天，柳如是等到的却是陈子龙从京城失意归来，柳、陈永结同心的美好愿望一朝落空。她并不指望什么凤冠霞帔，只是，考场失意黯然归来的他，如何向家人尤其是陈夫人启齿，说他还要娶一个妓女回家？

两地魂销

陈子龙虽非世代衣冠阀阅之族,但祖上就有任侠好施的名号,他豪迈爽性,诗词古文无不精通,骈体文更是精妙。

这年秋冬之际,嘉定之游后,柳如是回想所交之士,唯陈子龙男儿气概非凡,再想他赠自己的诗句,不由得芳心可可。柳如是别出心裁地写出一篇《男洛神赋》(收在柳如是《戊寅草》诗集中)赠陈子龙,在赋中,她将陈子龙比作了男洛神,真是千古妙想。

为报佳人之美,陈子龙专为柳如是撰写《采莲赋》,更富六朝风气,两人一唱一和,一来一往,纸上传情,比之与宋辕文相交又更不同,少一些耳鬓厮磨,多一些精神上的互通,两人情意相投非同一般。

无限心苗,鸾笺半截,写成亲衬胸前折。临行检点泪痕多。重题小字三声咽。

两地魂销,一分难说,也须暗里思清切。归来认取断肠人,开缄应见红文灭。

——陈子龙《踏莎行·寄书》

是什么柔情蜜意，才能撑起"写成亲衬胸前折"的亲昵？只恨世人不容这样的爱，因此，他才"两地魂销，一分难说"，巴不得分分秒秒相守在一起，但却只能"暗里思清切"。只是他们不知，此时的甜蜜、快乐，离别时就变成了一把把亮闪闪的利刃，左一下，右一下地在削割着。从心到身体，除了疼，还是疼。重叠泪痕缄锦字，人生只有情难死。山还在，水还在，人还在，爱，却要逝去了。心似双丝网，中有千千结。离别在即，不舍分，不忍分，执手相看泪眼，竟无语凝噎。

同入爱河：两处伤心一种怜

崇祯八年即1635年，柳如是再次来松江，时年十七，见时年二十七岁的陈子龙，两人少年才俊，互相仰慕。

陈子龙比柳如是大十岁，是当时"几社"的领袖人物，可谓名人加才子，"精通经史，落纸惊人"，时人誉其为"诗苑干将""云间绣虎"。他慷慨豪侠，志大才高，到处收徒讲学，又广收门生，据说少年英雄夏完淳就师从于他。

柳如是仍是寄寓船上，其船常出没在白龙潭、沈泾塘、泖湖，松江众名士与她依旧保持频繁来往。

那年秋天里的一天，风雨大作，因愁病在身，柳如是独自躺在舟中，隔着窗隙，望着湖水烟波渺渺，无端秋思烦闷，涌上心头。她像树上的叶子落入湖中，随水漂流，风狂雨凄，恐怕不知所终。这时身有微恙的陈子龙与二友同访柳如是。既见君子，云胡不喜，而他三人亦各有微恙，虽不同病，亦能相怜，在半冷半暖的秋天里，他们坐下小聊，执一杯热茶，倾心相诉。那一刻，不知今夕何夕。

柳如是说到病苦，与她对坐的陈子龙感触尤深。看到几日前还容光焕发的柳如是，今日病容凄凄，他不禁动了怜香惜玉之心，让她大受感动。

陈子龙平日又闻得她的才名，早已倾心许久，今夜从柳如是处回家之后，回思其席上话语，深感同情，借夜来秋风吹起，陈子龙诗兴大起，磨墨赋诗。

陈子龙本以为，这如花美眷，这似水流年，之于他，如一场隔岸烟火，再怎样也到不了他的心底。因为他的肩头有沉重的责任，国将亡，复社的兴国大计，沉沉地压在他的肩头，他没有心情旁顾于她，哪怕，她是尘世最美的风景。

只是，他没料到，这章台之中，青楼之上，竟也有那般奇伟的女子，与他一样怀着一颗血性的心。两人见面无话不说，陈子龙向柳如是述说当时天下事，柳如是的见解常令陈子龙佩服，一女子竟如此关注时局，他们更加惺惺相惜。

崇祯八年即1635年，春天，陈子龙背着家里人，与柳如是同居于松江外一座名叫南楼的小红楼里。这个住宅是陈子龙朋友提供的，陈寅恪考证为"南楼"。这仿佛也注定了他们的关系将会以临时状态终了，他们在一起仅仅度过了一个春天。花开须摘直须摘，莫待花落空折枝，对于女人，则是想要将最为美丽绚烂的时刻，呈现给她的爱人。

这段日子，这个春天，是柳如是诗作里的错彩缕金。她将小红楼称为鸳鸯楼，把这段时间写的词集命名为《鸳鸯楼词》。在此期间，柳如是为人校书取酬维持生活，陈子龙则埋头攻读以备科试。清茶淡饭滋润着恩爱美满、缠绵悱恻的生活。

草弱朱靡痛《别赋》

然而，陈子龙毕竟是一个已有家室的人，他们之间的感情不管有多深，也只能被看作是才子佳人之间的一段风流佳话。这一段悱恻缠绵的爱情故事，一开始就注定了会以悲剧收场。

心心相印之夕，每说到白首之约的时候，陈子龙都深深叹息，低头不语。柳如是也知道使君自有妇，可是与子龙相处一时便得一时快乐，饮酒之时从不诉离伤。

这一场恋爱，同上一回一样，有着先天的致命伤。她是落拓不羁的风尘女子，他是家世清白的才俊小生，虽然陈子龙的母亲早已去世，继母唐氏没有宋母那样的发言权，但他有更厉害的妻子陈夫人。

陈子龙的夫人乃是邵阳知县张轨端之女，据说其"生而端敏，孝敬夙成"，被"三党奉为女师"。她有文化，通诗礼史传，书算女红之属，也无不娴熟，另外她人品高尚，继母唐氏乃是填房，在封建社会地位是要打个折扣的，陈夫人一嫁过来，陈子龙的祖母就以唐氏多病好静为由，把家交给陈夫人来管理。陈夫人也不负所托，把里里外外料理得有条不紊。但陈夫人不像凤姐倒像探春，始终善待这位弱势婆婆，并张罗着为她生的四个女儿次第及笄，好生地置办了嫁妆，把她们嫁了出去。陈夫人妆容完美，精明干练，不苟言笑，她的五个弟弟都很怕她，把她当兄长一样敬重。陈夫人同凤姐一样的是，她没有生儿子，家里那位蔡姨娘也没有，为子嗣计，她不可以反对丈夫纳妾，但一定得是良家女子，柳如是这样的风尘女子，自然不可能被列入选择之列。陈子龙后来娶回的沈姓小妾，也要归功于她的安排。

半年后，因陈子龙常常不回陈宅，陈夫人渐渐得知他与一青楼女子相恋。可以揣想，陈子龙家有妻有妾，经常夜不归宿，必然引起他夫人的注意。

陈夫人虽是贤妻良母，她确实并不反对陈子龙娶妾，甚至还亲自为他选妾，但她心目中选妾的标准必须是良家女子。柳如是虽有才名，可依然是倚门卖笑的女子，根本入不了陈夫人法眼。若是一意孤行，经济、道德上皆有压力，唯一的指望是陈子龙不久之后将赴京赶考，一旦榜上有名，或许可以略息陈夫人之怒，弹压陈夫人之势。崇祯六年（1633 年）秋天，陈子龙要进京赶考求取功名，两人便把希望寄托在此，苦盼金榜题名。然而，结果却是让人失望的，只能寄期望再次应考。但这一切还没有来得及实施，残酷的现实就来到了眼前，陈夫人抽无情之剑，斩断了陈柳的缠绵情丝。陈寅恪《柳如是别传》称，陈夫人带着一千人等，赶到陈、柳住处大闹，以致陈子龙下不了台，柳如是不甘受辱，悲切而毅然地离去。

陈夫人在家中地位甚高，她严谨端庄，深得陈子龙祖母欢喜。陈子龙自幼得祖母养育，陈夫人干涉他们的恋情，陈子龙不愿违背祖母之意，只好与柳如是无奈分手。

第七章 柳如是：充满正能量的风尘女子

而此时，真是雪上加霜，松江知府又以妨碍风化为由，下令驱逐柳如是出境。

这一年，柳如是十八岁。

在痛苦中，她作了一篇《别赋》，极尽哀伤感慨，祭奠她再次消逝的爱情：

草弱朱靡，水夕沉鳞。又碧月兮河梁，秋风兮在林。指金闺于素壁，向翠幔于琴心。于此言别，怀愁不禁。云泫泫兮似浮，泉杳杳而始下。抚檐幄之霏凉，拂银筝其孰写。

据青皋之如昨，看盘马之可哀。招摇蹀躞，花落徘徊。结绶兮在平乐，言别兮登高台。君有旨酒，妾有哀音，为弹一再，徒伤人心。悲夫同在百年之内，共为幽怨之人。事有参商，势有难易。虽知已而必别，纵暂别其必深。冀白首而同归，愿心志之固贞。庶乎延平之剑，有时而合。平原之簪，永永其不失矣。

自认泪点不是太低，读柳如是的《别赋》，却读得泪水涟涟。这是怎样一种热烈的情爱在支撑着她？爱已成灰了，明知前景灰暗，悲恸中，她却依然要诉衷肠、抱幻想。试看，试问，繁花似锦的岁月里，有几人，能如此追随爱情、凭吊爱情、固守爱情？爱情，早已被灯红酒绿淹没于欲望的滚滚红尘中了。

梦中本是伤心路：人去也　人何在

现实人生里该有多少艰难险阻，才会将梦境视为相逢的唯一通道，而为之窃喜？然而，"梦中本是伤心路。芙蓉泪，樱桃语。满帘花片，都受人心误。遮莫今宵风雨话，要他来，来得么？"最后一问如越剧里的一句悠长的道白，欢喜瞬时明灭，她无法欺骗自己。

柳如是给自己改了新名号，叫作"蘼芜君"，上山采蘼芜，下山逢故夫，名字背后，有一点点负气，有一点点调侃，更有抚摸伤痕时的苦涩黯淡，十八岁，她肌肤如绸容颜似花，心中却已满是沧桑之感。

陈子龙仪表堂堂，书生仗义，到头来却是怯懦退缩之辈，前途仕路重要，难道爱情就该如弃敝屣吗？难道风尘女子就活该被愚弄、活该成为风流快活之后的残羹冷炙吗？不！柳如是偏偏不接受。

在"秦淮八艳"中，最有美貌的，当属陈圆圆；最温柔适意的，为董小宛；最有气度尊严、最有自主精神、最有勇气和胆魄的，就是柳如是。

一生渴望被人收藏，妥善安放，细心保存，免我苦，免我惊，免我四下流离，免我无枝可依。

也许是前世的姻，也许是来生的缘，却错在今生相遇，徒增一段无果的恩怨。我的泪，我的等候，换来的，终还只是刹那的凝眸。

春尽，花谢。夏去，绿残。秋逝，凋零。

无情春色苦匆匆

陈子龙返回陈夫人身边不久就病倒了,病中有词:

一帘病枕五更钟。
晓云空,卷残红。无情春色,去矣几时逢?
添我几行清泪也,留不住,苦匆匆。
楚宫吴苑茸茸。
恋芳丛,绕游蜂。
料得来年相见画屏中,
人自伤心花自笑,凭燕子,骂东风。

分手后,柳如是乘船往返于杭州与松江,广交名士。到了崇祯十年(1637年),柳如是听说陈子龙中了进士的消息,大为兴奋,满心期望能重温鸳梦,再续旧缘,就从杭州兴冲冲来到松江,相见时,柳如是既兴奋又忐忑,对陈子龙温情毕露,但陈子龙却闷声不响,执柳如是之手,只是垂泪。柳如是百感交集,黯然离去。

崇祯十一年,分手三年后,柳如是和陈子龙在杭州再次相遇,此时陈子龙已晋身"官员"了,但明法规定,官员严禁狎妓。

第七章 柳如是：充满正能量的风尘女子

尽管柳如是一直旧情难忘，可惜覆水难收，最后只能再次怅然而归。如果说三年前在松江时，柳如是和陈子龙有情人难成眷属是因为陈夫人棒打鸳鸯，陈子龙不堪背负舆论的谴责；那么三年后，状况已大为不同，他要堂堂正正地把柳如是娶回家已绝非难事。可惜的是，二人并未再续前缘，足见陈子龙虽然个性豪放磊落，在外诗酒风流，却没有勇气颠覆传统。

柳如是的心是痛的，为什么他只如惊鸿掠过，将她的生命，冷落成一片没有月光的沙漠？

她张开眼眸，凝望那一段岁月。那一段桃花树下剑气纵横的时日，是她此生不能忘怀的记忆。她爱他，爱他的书生意气，爱他的豪爽激情，他微笑的面容如此纯净，如同初生的婴儿，她看着他，心里有柔软而纤细的疼痛。

他舞着剑，将一树桃花舞成飞雪。他俯身拾起桃花，放进她的手里，对她微笑，不说话。她望向手心，粉红的花瓣上，缀了一枚细细的阳光。而最后，他还是离开了，留给她只是这一朵桃花。

她的眼眶湿润了。已记不起那些没有他的日子，她是怎样看日影斜上纱窗，一点一点熬过来的。她觉得孤单，在每个白天和夜晚。她如马上空对西风的将领，拔剑四顾，满心茫然。她在何时失去了他呢？她的沙场一片灰暗。她想，或许再也不会有爱情了吧，这样的意动与神驰，也许，此生不再。

桃花得气美人中

柳如是不是董小宛,不会把人生理想全押在婚姻感情之上,写诗作画乃至于谈兵说剑,对她来说,都是实现自我的一种方式,而不是呈给某个未知男人的文化嫁妆。

柳如是振作精神,再次出门远行,这次,她的目的地还是嘉定,她在崇祯七年有过一次嘉定之旅,那是一次愉快的旅程。此次,她的到来,让其中那位程孟燧程老诗人癫狂倾倒,不过他也只敢柏拉图一下,转化为诗歌若干。

陈寅恪将他的诗句条分缕析,极尽冷嘲热讽之能事。

比如说,程孟燧老先生有两句诗描述与柳如是的夜饮:

堪是林泉携手妓,莫轻看作醉红裙。

本是恭维柳如是有林泉高致,堪与谢安携手。"醉红裙"一词系掉了个书袋,韩愈诗曰:长安众富儿,盘馔罗膻荤。不解文字饮,惟能醉红裙。讽刺有钱子弟没文化,就会胡吃海喝,程孟燧以决不同于他们自我标榜。

陈寅恪嘲讽道:寒酸之气,力透纸背,用此自卑情绪,赋"伎席""艳诗",今日读之,不觉失笑也。

程孟燧老先生在诗里称柳如是一个"卿"字,陈寅恪又旁征博引道,这卿本是安丰侯的夫人称呼安丰侯的,而他左看右看,也没发现程诗人有封侯之骨相。

对于程孟燧的狂想痴念，柳如是应当感觉复杂，惶恐、厌烦、尴尬，亦有同情，总之，啼笑皆非。

柳如是的第二次嘉定之旅，主要靠程孟燧张罗，还一度借住在他家，对此，程孟燧在诗中虽是再三得意的，但款待柳如是两个月，他倾己而出。一个"穷酸"且老之诗人，随之便出现了经济危机，可谓是捉襟见肘，只好去找大财主谢三宾解难。

谢三宾，字象三，号寒翁，鄞（今浙江宁波）人。钱谦益门生，明末降臣。天启五年（1625年）进士，永嘉县令。崇祯时，官至太仆寺卿。清兵南下，他做了降臣，甚至不惜杀害本乡抗清的五君子以邀功，江浙抗清义士，多为其所陷害。

这几年，柳如是的才名愈来愈盛，不少狂蜂浪蝶在其门前卖弄，以引其一顾，追求者中就有这个浙江的谢三宾。崇祯十三年，谢三宾对柳如是展开疯狂追求，死缠烂打。

初相识之时，谢三宾言辞还颇有些豪气。柳如是喜侠士，开始还见见谢三宾，渐渐他性格的粗鄙处暴露出来，而且他的诗肤浅无聊，让她不喜欢。可谢三宾却倚仗财多，想以珠银之物聘下柳如是。从那以后，柳如是再不见谢三宾，没想到谢三宾恼羞成怒，使尽小人无赖手段，在外散布流言诋毁柳如是名誉，还纠集了一帮流氓地痞上门骚扰。这一举动，让柳如是招架不住，她必须要解决这个大麻烦。

柳如是在游玩杭州时所作诗句：

垂杨小院绣帘东，莺阁残枝未思逢。

大抵西泠寒食路，桃花得气美人中。

——《西湖八绝句》

这是一首相当个人化、灵性化的诗。

文坛泰斗钱谦益（字牧斋）在崇祯十三年（1640年）作诗《姚叔祥过明发堂共论近代词人戏作绝句十六首》，其十六首：

"草衣家住断桥东，好句清如湖上风。近日西陵夸柳隐，桃花得气美人中。"

钱谦益咏的是柳如是和王微两位风尘女侠，他径用了柳如是的诗句，对柳如是的艳羡欣赏之情不言而喻。钱谦益的门生朱治涧经常在钱谦益面前称颂柳如是的才气。谢三宾为钱谦益典试浙江时所取士，两人有师生之称，柳如是决定投靠钱谦益这位谢三宾的座师，那么，从此就再不必担心谢三宾的骚扰了。

柳如是以其文情俱胜的诗词，华绮不俗的书法，狂放不羁的性格，在众多红莺绿燕里独树一帜，领尽风骚。虽说平日里有众多的高才名士，才俊青年一起吟诗作画，把酒唱和，但月满西楼，风冷星淡之时，柳如是独立窗前，又难免会生出"娟娟垂柳，万千情丝，谁知复谁惜"之感。相识容易相知难，相惜难于上青天。对青楼女子来说，更是如此。在烟花情色里舞波弄浪十数载，才色胆气皆让识者抚掌称赞的柳如是，历经几番情劫之后，选择了年龄足可以做她父亲的钱谦益作为自己的归宿。

第七章 柳如是：充满正能量的风尘女子

郎情妾意梅魂约

崇祯十三年（1640年）冬天，柳如是女扮男装，一叶扁舟造访钱谦益在常熟的半野堂。钱谦益此时仕途失意，赋闲在乡。崇祯十一年初冬，供职京师的江左才士钱谦益，本已高居礼部侍郎之职，眼看又要提升，却因贿赂上司之事被揭露，不但受了廷杖之责，而且还被免去了官职，被迫返回原籍常熟。

那时他已57岁，猝遭巨变，心境黯淡悲凉，一路逶迤南归。途经杭州时，顺便前往西湖上荡舟闲游，排遣愁怀，疲倦时便落脚在杭州名妓草衣道人家中，在那里读到了柳如是所作的《西湖八绝句》，并与柳如是约会了一次，留下了极好的印象。

此时忽然听见柳如是来访，他欣然接待。柳如是此番是身着男装，显得与众不同。顾苓的《河东君小传》里有极见神韵的描写，说她"幅巾弓鞋，着男子服，口便给，神情洒落，有林下风"。

两人一晤之下，把酒畅谈，大有相见恨晚之感。柳如是天姿聪颖，灵矫绝世，当一个失意文人遇到青楼才丽，多会有知音之感。自古失路名妓，与落魄名士无异。钱谦益与柳如是的相爱，也有这样的情结。名士悦倾城，由来佳话。

半月式宫廷传奇

　　这几年，他运气欠佳，官场中箭落马，携董小宛游了一趟黄山，她尽管美丽纤柔，却不是他中意的那一款。这个冬天，他以为又将无精打采地蛰居着度过，但当那个年轻女人的到来，瞬间把单调的季节变得异彩纷呈。

　　板荡凄凉忍再闻？烟峦如赭水如焚。
　　白沙堤下唐时草，鄂国坟前宋代云。
　　树上黄鹂今作友，枝头杜宇昔为君。
　　昆明劫后钟声在，依恋湖山报夕曛。
　　　　　　——钱谦益《西湖杂感二十首》其一

　　钱谦益如此人物，正可担柳如是"梅魂"之约。
　　这位东林党的领袖，儒雅宽和，如长者般宠爱着她。柳如是在半野堂，欣赏着为她设下的歌筵绮席，她决不甘心扮演粉颈低垂落落向隅的仕女花瓶，必然高谈阔论，议论风生，而钱谦益宽厚的笑容如掌，供她的灵魂在上面肆意旋舞，释放所有明亮的热情。
　　柳如是敬钱谦益的学识渊博，通今知古，钱谦益又怜爱柳如是如莲出淤泥不染，一敬一爱，柳如是再一次感觉心灵被爱情激荡起来。钱谦益留柳如是在半野堂住上一段时间，柳如是欣然应允。于是，寂静的半野堂中荡漾起一对忘年之交的笑声，他们一同踏雪赏梅、寒舟垂钓，相处得极为和谐。
　　钱谦益命人在附近的红豆山庄中为柳如是特筑一楼，他亲临现场督工，仅以十天时间，一座精美典雅的小楼就建成了。钱谦益根据《金刚经》中"如是我闻"之句，将小楼命名为"我闻室"，以暗合柳如是的名字。小楼落成之日，他还特写诗抒怀：

清樽细雨不知愁，鹤引遥空凤下楼；
红烛恍如花月夜，绿窗还似木兰舟。
曲中杨柳齐舒眼，诗里芙蓉亦并头；
今夕梅魂共谁语？任他疏影蘸寒流。

——《余秋室所绘的柳如是》

钱谦益的一片深情，让柳如是感动不已。感念之余，柳如是回赠了一首《春日我闻室作呈牧翁》的诗：

栽红晕碧泪漫漫，南国春来正薄寒；
此去柳花如梦里，向来烟月是愁端。
画堂消息何人晓，翠帐容颜独自看；
珍贵君家兰桂室，东风取次一凭栏。

至此，郎情妾意已分外明朗。此后，柳如是更公开了自己的择偶标准，她曾经对人说道："天下之大，唯有虞山钱学士，才算是有才，我非有才如钱学士的人不嫁。"有好事者，将这话传给钱谦益，钱谦益大喜，说道："天下之大，竟有如此怜才的女子！吾非能诗如柳如是的人不娶。"（钮绣《觚剩》）

在钱谦益的盛情邀请之下，柳如是在半野堂小住了一段时间，当年春节也是在钱家度过的，他们一同守岁，一同煮酒品茗、谈诗论词、作画唱曲、踏雪赏梅、寒舟垂钓，单调的寒冬变得多姿多彩。

礼同正嫡：迎娶柳如是

崇祯十四年（1641年）夏天，钱谦益在原配健在的情况下，以"匹嫡"也就是"礼同正嫡"，迎娶柳如是，正式将柳如是娶进了家门。

云间派的才子们，如宋辕文、陈子龙、李雯等人，皆钟情于柳如是，但都在世俗礼教面前怯了步。钱谦益不但迎娶，而且以匹嫡大婚之礼。

钱柳的婚礼办得别出心裁，在松江租了一只宽大华丽的芙蓉舫，在舫中摆下丰盛的酒宴，请来十几个好友，一同荡舟于松江波涛之中。那天，华丽的舫上还有乐伎班子，在热闹悠扬的箫鼓声中，高冠博带的钱谦益与凤冠霞帔的柳如是拜了天地，又在朋友们的喝彩声中，回到酒席边，喝下了交杯酒。洞房花烛夜，他将满室红烛点成红尘最骄傲的香艳。

据说，在钱柳婚庆之日，当迎亲的芙蓉舫到达常熟时，箫鼓遏云，麝兰袭岸，引起江南轩然大波。无数人站在岸边观礼，虽然人头攒动，热闹非凡，场面却极度混乱，其中不少是来闹场的，起哄叫骂，嘲笑挖苦，甚至捡起石头往喜船上砸去，致使船头一片狼藉。云间缙绅，哗然攻讨，纷纷以为这是亵朝廷之名器，伤士大夫之体统。钱谦益却面不改色，怡然自得地"吮毫濡墨，笑对镜台，赋催妆诗自若"，婚礼如常举行。

这期间，钱谦益赋《合欢诗》《催妆词》各四首，并令他的朋友和门生们，群起而唱和。

钱谦益是才冠天下的大名士，享有"文章宗伯、诗坛李杜"之美誉。以如此身份偶尔狎妓纳妾、诗酒风流一番，也就被看作是韵事一段罢了，但要用大礼明媒正娶一个沦于风尘的妓女，则是伤风败俗、悖礼乱伦之举，被视为洪水猛兽。钱谦益的声望实在太高了。爱柳如是心切，全然不顾世俗偏见和礼法名器，坚持用大礼聘娶，此举让许多循规蹈矩的读书人无法接受，舆论哗然，简直到了人神共愤的地步。同僚权贵们纷纷出面指责其"褒朝廷之名器，伤士大夫之体统"。而钱谦益毫不为意，"买回世上千金笑，送尽平生百岁忧"，他娶回了最优秀的女人，得此"无双艳福"，如获至宝，狂喜不已。

与钱谦益婚礼完毕后，柳如是如愿成了继室，钱谦益吩咐家人一律叫柳如是为"夫人"，不得称为"姨太"，而他自己敬称柳如是"河东君"。

柳如是曾发誓一定要嫁一个"博学好古，旷代逸才"的男人。她甚至还宣称："天下有一人知己，死且无憾。"如今，这一切，她得到了，她幸福了。

钱谦益的的确确无愧于真名士，他以匹嫡之礼迎娶，陪她挨着乡间邻里的指点谩骂，陪她乘着花船穿过了重重的世俗眼光，穿过了三十六年的岁月悠悠。这样的爱情，她不远万里，长途跋涉，终于抵达。

佳人那得兼才子

成婚之后,老夫少妻又于十一月偕游杭州、苏州、扬州、南京及黄山等地,处处留下了他们相偎相依的身影。

他们还祭拜了南宋抗金名将韩世忠与梁红玉的坟墓,又到京口,凭吊了梁红玉金山擂鼓的战场。柳如是向钱谦益述说平生最佩服的古今女子唯有梁红玉,在她的内心深处,也许希冀着有一天能像梁红玉那样,在长江的浪尖波谷亲自擂响战鼓,鼓舞兵将奋勇杀敌。灵岩山麓宏伟壮观的韩蕲王墓已是满目寂寞荒凉,冬季山野里的猎猎北风吹得她有了寒意。

一番游历之后,他们都特别钟情于杭州西湖的明丽风光,钱谦益晚年得红颜,爱意炽盛,他不惜花费巨资在西湖之畔的虞山北麓为柳如是修筑了一座精美典雅的五楹二层的"绛云楼"和"红豆馆"。

从此,绛云楼的小窗明镜,红豆馆的绮罗香泽,她成了他金屋藏的娇,安度着她的韶华。她写道:"春宵苦短,冬日正长。冰雪情坚,芙蓉帐暖;海棠睡足,松柏耐寒。此中情事,十年如一日。"是的,此刻的光阴,正是十年如一日般,悠远绵长,甜美而芬芳,且花团锦簇。

有"红学"者认为,曹雪芹设计的绛云轩是来自柳氏的绛云楼。

崇祯十六年(1643年),钱谦益大兴土木。因建楼开支庞大,为了筹得资金,竟将自己千金购得并已收藏二十余年传世孤本的宋版前、后《汉书》,减损二百金卖给情敌谢三宾。据说买主谢三宾趁火打劫,故意压低价格,令他的钱老师足足比买入时亏了二百两银子。

此楼建得画栋雕梁,极其富丽堂皇。从此,夫妻俩安居其中,日日欣赏西湖上的朝霞夕雨,春花秋月,时光如诗一般地静静流过。那些日子,他们"煮沉水,斗旗枪,写青山,临墨妙,考异订讹,间以调谑"。

绛云楼中藏晋唐宋元以来法书与鉴金石文字、宋刻书数万卷,列三代秦汉尊彝环璧、晋唐宋元以来书法、官哥定州宣城之瓷、端谿灵璧大理之石、宣德之铜、果园厂之髹器,还有许多名瓷、奇石充塞其中。绛云楼的藏书堪称江南之冠。钱谦益曾不无得意地炫耀说:"我晚而贫,书则可云富矣。"柳如是与钱谦益夫妇二人,日日相伴在绛云楼中,"日夕相对,读书论诗,考异订讹,题花咏柳,殆无虚日"。

埋没英雄芳草地,耗磨岁序夕阳天。
洞房清夜秋灯里,共简庄周说剑篇。

夫妻二人,都有诗才,彼此唱和甚得。每次,钱谦益完成一诗,就遣丫鬟送去给柳如是夸耀。但顷刻之间,柳如是的诗句也到了他这里,如风驰电逝,未尝肯让他一步。这边,钱谦益再毕力尽气，经营惨淡，苦思如何压倒小夫人。夫妻二人，旗鼓各建，闺阁之间，隐若敌国。最后，两人拿出诗句对视，正是匹敌之对手。

他们写青山、临墨妙，他们仿佛就是李清照与赵明诚，要将人生这样优雅地、细水长流地消磨掉。

他们"间以调谑"。王应奎《柳南随笔》卷二中记载，有一次，柳如是曾打趣问道："公胡我爱？"（相公为什么爱我？）钱谦益笑答："我爱你乌个头发雪个肉。"接着，又反问娇妻，爱他什么？乖巧伶俐的柳如是娇嗔而答："我爱你雪个头发乌个肉。"如此戏谑逢迎，嬉戏打闹，两人不觉相视大笑。

虽然钱谦益早有一妻二妾，但自从得柳如是后，一心专宠于她。

柳如是嫁给钱谦益后，不仅不受限制，反而获得更大自由。她婚后亦经常穿儒服，出厅接待四方宾客，狂放不羁，谈吐慷慨，常和钱谦益的一班朋友比酒作乐，酩酊大醉，颇有太白遗风，实无闺阁风范。钱谦益竟毫不介意，常在人前呼她为柳儒士，称她"佳人那得兼才子，艺苑蓬山第一流"。

虽然，她做儒生装扮，她做风流潇洒之态，然而这负气之姿下包裹的却是颗柔软细腻的女儿心。她的渴望终于变为现实了，她这一生，从此真的是被欣赏着，被保护着，被珍爱着，免了她的半世流离，免了她的无枝可依，免了她的惊慌不安。

他爱她满头乌发雪个肉，她爱他满头白发乌个肉。他的爱如冬日炉火，驱散她心中长久的寂寞与冰冷。

投机南明弘光小朝廷

然而,这温软的日子却如春愁,转眼便成了秋。未几时,铁骑踏破疆土,山河破碎,举目疮痍。

晚明,局势动荡,崇祯十七年三月十九日,李自成攻破北京城,崇祯帝手刃骨肉,在煤山自缢而亡。国不可一日无君,南京作为明朝的陪都,立即就展开了拥立新君的活动。钱谦益想有一番作为,极力前往。

钱谦益急于求成,推举的潞王朱常淓,与拥戴福王的马士英政见不合。最终,马士英、阮大铖在南京拥立福王朱由崧做了小皇帝,建立了南明弘光政权,钱谦益立即便依附之,为了保命,上疏颂扬马士英的功劳,马士英这才引荐钱谦益为礼部尚书,主管文化教育的最高长官。虽是空衔,却让他觉得安稳而风光,甚至他为投靠奸臣马士英、阮大铖等,而败坏东林名声也在所不惜。钱谦益又推荐阮大铖,阮大铖遂被提为兵部侍郎。

钱谦益世家出身,家学渊源,幼年就有袍笏登朝之想。出道之后却很不顺。万历朝,他跟阉党斗争,落了下风;崇祯登基,又因周延儒、温体仁争入阁为大学士失败,而被革职送回老家。崇祯十年,他的一个张姓老乡,诉状递到京城,列举他有强奸民女、强占民宅等各项罪行58条,将他送进了刑部大牢,要不是他花了银子,走了门路,以削籍而归作结,否则,就要断送老命了。

尽管仕途蹭蹬,但中国文人还有另一条积蓄政治资本的途径——养望。谢安当年东山高卧,看上去啥也没干,却养出了"谢安不肯出,将如苍生何"的名望;钱谦益在虞山半野堂待着,但凭着学问见识加上政治老本,亦养出了清流领袖的声威,这声威名望犹如虚拟货币,只等机会来到,即可兑换成沉甸甸的真金白银。

崇祯吊死之后,太子下落不明,急需拥戴新主,各路英雄皆知这等于原始股发放,一旦下对注绝对一本万利。韬光养晦多年的钱谦益看到机会来了,自然不会无动于衷,他投资的新主是潞王,与投资福王的马士英唱起了对台戏。

不久福王胜出,他心中忐忑,因为政治投机失败的人向来死得难看,一开始可能只是为了保命,他对马士英大加奉承,马士英看中了他的清流领袖的身份,尽释前嫌,引荐他为礼部尚书。

两人结成了利益共同体后,开始共谋 件大事,帮助这个利益集团里的阮大铖咸鱼翻身。这厮当年做政治蝙蝠,妄图同时讨好势不两立的阉党与清流,败露后弄得灰头土脸的,那帮复社少年还是不肯放过,又是调戏,又是讨伐,大有痛打落水狗的劲头。

钱谦益帮阮大铖漂白,他本人则冀图马、阮二人帮他进入内阁,三人一拍即合打得火热,被众人侧目,留下段子若干。《南明野史》里说:"谦益以弥缝大铖得进用,乃出其妾柳氏为阮奉酒。

阮赠一珠冠，值千金。谦命柳姬谢，且移席近阮。闻者绝倒。"

闻者做"绝倒"状，是对钱谦益靠近阮大铖的极端鄙视，他们以为他应该刚正不阿清坚决绝，实在是对钱谦益太缺乏了解。

事实上，钱谦益不但是一个"热中"的人，还是一目的主义者，也就是说，他在乎结果胜过过程，只要最终能成就大事，眼下身段难看也没有什么了不起。不知道该如何评价钱谦益的这一指导思想，听上去似与不择手段相同，但是，历史上，很多了不起的人物都如此这般做了，比如说抗倭名将戚继光，他正是靠巴结张居正才摆脱了当地官员的掣肘，并取得了成功的保障。

当时，政治投机成功，钱谦益便得意洋洋地携着柳如是前往南京就职去了。柳如是冠插雉羽，身穿戎服骑马入国门，钱谦益自谓："好一幅昭君出塞图也。"

然偏安一隅的南明弘光小朝廷里，诸臣不思进取，仍是醉生梦死，争权夺利，互相倾轧。柳如是旧日情人陈子龙也被弘光朝廷招用，他曾上书防江之计，但未被采用。

结果不久，在清顺治二年（南明弘光元年，1645年）五月，清军攻破了南都，弘光朝覆灭了，清兵扫荡了江浙，中国顿时成了满清的天下。

但在明清鼎革之际，钱谦益却屈志降节。

奋身欲沉池水中

明朝,在她的眼前覆灭了,他们成了亡国的人。她怒发冲冠,眼波燃起了火,虞山的飞絮柳丝不曾温软她的傲骨,她的沙场再度风起,她瞥见自己本性里奔腾的血涌。然而,她没有料到的是,她一心倚靠的他,居然沉默了。

钱谦益在前后长达三十五年的时间内,三起三落,旋进旋退;他还因出色的文才,被视为文坛巨擘,江左三大家之一;又因为他曾经参与了东林党人反对魏忠贤阉党的活动,还被视为士林领袖之一,德高望重。在众人眼里,只要明朝一亡,钱谦益不是抵抗而死,就是毅然殉国。

他面临着命运的抉择。

柳如是目睹了清兵屠城、扫荡江南的种种惨象,内心悲愤不已。她劝钱谦益以死全节:"此时应当取义全节,以负盛名。"钱谦益思索再三,终于点头同意了柳如是的建议,两人说好同投西湖自尽。

这是一个初夏的夜晚,钱谦益与柳如是驾了一叶小舟,漂进了西湖。朦胧的月光冷冷地照下来,柳如是一脸悲切,表情圣洁,而钱谦益却露出几分不安。船上摆着几样菜肴和一壶酒,柳如是斟好酒，端一杯给丈夫，自己举起一杯，从容不迫地说道："妾身得以与钱君相识相知，此生已足矣，今夜又得与君同死，死而无憾！"钱谦益受她的感染，也升出一股豪壮的气概，举杯道："不求同生，但求同死，柳卿真是老夫的红颜知己啊！"两人幽幽地饮完一壶酒，月儿也已偏西，柳如是率先站起身来，拉着钱谦益的手，平静地说："我们去吧！"

钱谦益面有难色，伸手到船外搅了搅水，抬头对柳如是说："水太冷，不能下……奈何！"钱谦益为苟活找的理由太可笑，太弱智，以至于今天还成为笑柄。

柳如是看他说出这样毫无节气的话来，很是失望。但此时她也满怀悲凉，无心劝他什么。只是转身毅然朝水池投去。钱谦益没有料到她竟真的投水，被吓呆了，心慌意乱。幸而四周人看见，硬是及时拉住了柳如是，柳如是没有死成。她"奋身欲沉池水中，（钱谦益）持之不得人"。

她本以为，这位东林党的领袖，会有着和她一般的铮骨，但她错了。她的爱国激情与热血，注定没有人与她一起分担，千山万水都只能一肩扛下。寒风扑面，这尘世变换了血色的天空，他躲在她身后，那样的软弱与无奈。而当她欲与他以死殉国时，他却说荷花池的"水太冷，不能下"，还一力拉住急欲自戕的她，不让她做那沙场里不战即死的勇士。她只能无奈地叹息，心里掠过巨大的悲凉。

此时，松江陷落，陈子龙因为祖母尚健在，为了躲避清兵的追杀，躲到嘉兴水月庵为僧。

开城献降雨滂沱

既然钱谦益不肯再去投湖自尽,柳如是只好退让两步,对他这样要求说:"隐居世外,不事清廷,也算对得起故朝了。"

钱谦益唯唯表示赞同,但事实上他不仅主动出城投降,还给朋友写信劝降,还带头剃头示众。史载:"豫王下江南,下令剃头,众皆汹汹。钱牧斋忽曰:'头皮痒甚。'遽起,人犹谓其篦头也。须臾,则髡辫而入矣!"(《恸余杂记》)

五月十五日,钱谦益率诸大臣在滂沱大雨中开城向清军统帅多铎投降。

豫王(多铎)南下江南,下令剃头。南明民众对此议论纷纷。(一日),钱谦益忽然说:"头皮痒得厉害",突然出门而去。家人以为他去用篦子篦发。不一会儿,剪了头发,留着辫子进来了。而当时与钱谦益交好的河南巡抚越其杰和河南参政兵备道袁枢,俱誓不仕清,相继绝食而死。

同年秋,清廷任钱谦益为礼部右侍郎,北上充修《明史》副总裁。

第七章 柳如是：充满正能量的风尘女子

衣朱曳绮留都女　愧杀两朝领袖

这年的秋天，南明降臣们要去北京接受封职，钱谦益忙着准备行装到北京觐见新主，听候任命。柳如是此刻已心冷如死灰。她不愿做降臣之命妇，柳如是拒绝一同前往。

他们告别时，柳如是身穿红装（隐喻朱明王朝），屹立道旁，不发一言。青灰色的早晨，湖边有湿湿的雾，她美丽的容颜如同冰雕，剔透而又凝重。当她看着他渐行渐远，心中是怎样的百感交集，五味杂陈！钱谦益在北上途中写下了"衣朱曳绮留都女，羞杀当年翟茀班"的句子。他深知大错铸成，难逃讥贬和唾骂，但也只能悻悻而已。

可是，就算这样拼命讨好，清廷也没把钱谦益当回事。他到了北京之后，一心想着宰相的高位，但清王朝不过对应他在崇祯朝的官秩，命以礼部右侍郎（副长官）兼管秘书院（管理图书秘籍），充修《明史》之副总裁。这个闲职让他心灰意冷，虽然任职仅六个月，便告病归里，但大节已毁。随后二十年，天下士人多心鄙其晚节摧颓，訾议诋诟不断：

钱公出处好胸襟，山斗才名天下闻。
国破从新朝北阙，官高依旧老东林。

据王应奎《柳南随笔》说，钱谦益曾经游览虎丘，当时身上穿了一件小领而大袖的衣服。一士子上前作揖问这是何等服制。钱谦益说道："小领，是新朝的服制；大袖，是我不忘先朝的意思。"这个士子正色说道："公真可谓两朝领袖矣！"

不仅时人讥讽钱谦益是"两朝领袖"，乾隆帝更是看不起钱谦益，写了一首五律羞辱他：
平生谈节义，两姓事君王。进退都无据，文章哪有光？
真堪覆酒瓮，屡见咏香囊。末路逃禅去，原是孟八郎。

更让人不齿的是，后来钱谦益被人指责大节有亏时，他竟然颠倒黑白，信口雌黄，把责任全推给了柳如是："我本欲殉国，奈小妾不与可？"无怪乎连三百多年后的大学者陈寅恪都看不过去了，竟然在晚年双目失明后，还不辞辛苦，专门写了八十多万字的《柳如是别传》，为柳如是辩护，痛斥钱谦益。

到顺治三年（1646年）六月，钱谦益把这个小官已做了半年，但他实在难以忍受做降臣的羞愧滋味，而远在西湖畔独居的柳如是又接二连三地写来书信，一面倾诉相思之苦，一面劝他急流勇退，回去与她同享纵情山水之间的隐居生活。慢慢地，钱谦益动了心，想到："功名富贵，贵在知足，年逾花甲，夫复何求！"最终下定决心，向朝廷托病辞官，很快获得了应允后，便脱下官袍，再度回乡。

第七章 柳如是：充满正能量的风尘女子

就这样，前后不到半年时间的利禄奔波，结果是失意而归。是的，即使他已经投降妥协，命运也不曾给他厚重的赏赐，降了一级不算，还只是个编《明史》的闲职，离他的期望实在太远。此时，再细思平生过往，钱谦益一定是后悔的，不只悔，还有痛，前途如空荡荡的荒漠，一眼就能看到尽头，汉奸的帽子早已戴得铁紧，早知现在，何必当初？而现在想死，用她的话，也已经晚了吧，钱谦益的天地变得如此逼仄，几无可退身。柳如是为什么会说已经晚了呢？

原来，一回到南京家中，钱谦益听到的却是柳如是不贞的消息。很多人向他诋毁柳如是，说她不安妇道，与人有染。他儿子钱孙爱更是要"鸣官究惩"，说什么也容不下柳如是了。其实，自钱谦益去京城为官之后，柳如是在家，就遭受他儿子的欺辱，日子很难。

让柳如是感动的是，当钱谦益听到这些诋毁以后，他坚定地站在她的一边，钱谦益"怒骂其子"，一心一意地护着她："谓国破君亡，士大夫尚不能全节，乃以不能守身责一女子耶？"由此看来折节一事，让钱谦益内心备受煎熬。

柳如是曾说"但求有一人知己，死且无憾"，钱谦益的信任与维护强烈感动了她。

但令君心识故人　绮窗何必长相守

　　清兵攻陷南京后，陈子龙参与抗清活动，他在松江一带联络志士，不幸事败，为清兵的俘获，用舟船押陈子龙前往南京受审，途经松江时，他乘守者不备，投松江跨塘桥水下溺死。清军将陈子龙的尸体凌迟后斩首，弃尸水中。陈子龙门生王沄、轿夫吴酉在毛竹港捞起遗体，具棺埋葬。清乾隆中期，谥"忠裕"。

　　陈子龙投水而死的时候，年仅四十岁。柳如是听闻噩耗，心痛心酸又欣慰。心痛者子龙四十壮年而亡；心酸者她与子龙无奈半路失飞，不能风雨同舟，白头偕老；欣慰者，子龙与她心志一般坚固，她偕夫君投水，而夫君谢而不死，她自己投水却未遂意。她虽曾得他"莫将花月等闲看"的诺言，但最终她还是另嫁他人。虽得幸福与安稳，怎奈好景不长，国破、劫难、叛国，一桩桩突变如同看不见的手，扼住了她的脖子，乱世下哪还有家？更可悲弱质纤纤下那颗梁红玉的心，随着他那句"水太凉"而宣告终结。

　　一死一生，阴世阳间，她与陈子龙虽两地分隔，却两地一心。她爱的人，总是这样舍下她，一次又一次地，离她而去。经年岁月中，他们远去的背影渐次寥落，风干成她生命里的一场场风沙，将不能飞渡的关山万里，写进她长长的旅程。这一生，她一个人在自己的沙场，四下是凄烟苦雨，寒兵铁霜，猎猎西风掠过她杀伐决断的生命。柳如是心中口里念着陈子龙《长相思》中的一句：但令君心识故人，绮窗何必长相守。泪倾，心痛，一直徘徊到天明，为了慷慨赴国难的陈子龙。这份伤，无关缠绵悱恻痴男怨女的儿女之情。

徒行赴难有贤妻

西湖边,钱谦益与柳如是又开始了那种田园牧歌式的日子。只是柳如是承受不住国家破夫亡,君变节的现实,不久生了大病,卧床不起。

当时政治环境险恶,清朝对于前朝的大臣非常不放心,时常加以监控。

顺治四年(1647年),已回到常熟家中的钱谦益因黄毓祺抗清复明案被逮,锒铛北上,关入刑部大狱。

一切来得好突然,被捕的那天早晨,钱谦益尚在"晨兴礼佛",却"忽被急征。锒铛拖曳,命在漏刻"。

在钱谦益遭此大难时,他的儿子钱孙爱正是年富力强,却一筹莫展,唯有瑟缩而已。

柳如是挺身而出,为钱谦益到处奔走,舍命相救。"河东夫人沉疴卧蓐。蹶然而起,冒死从行,誓上书代死,否则从死。慷慨首途,无刺刺可怜语。"

对于钱谦益的娇宠和爱惜,柳如是一直铭刻在心。除了对他当初不顾世俗眼光,不拘礼法,对她这样一个娼妓出身的女子明媒正娶、"礼同正嫡"的感念之情,和二人婚后那段"晨

第七章 柳如是：充满正能量的风尘女子

夕酬唱，倚以娱老"生活的追忆之情，更多的还有一种感激，强烈的感激之情。

曾经拒绝以命妇身份入京的柳如是，此次不顾病体，冒死到南京。要知道，她是甘做犯人家属"抱病蹶然起，冒死从行"。她一面冒死上书总督府，要求代夫受刑，要求替钱谦益赴死，否则从死；一面四处奔波，寻找在清廷中有势力的官员。经多方打点，竟使钱谦益得以无罪生还。

顺治五年（1648年）四月，总督府感柳如是之诚心苦意，又查证钱谦益确无乱上之举，便将他放了出来。

出狱后，看到面容憔悴的柳如是，钱谦益流下眼泪。此时少妻才三十岁，而自己已是六十六岁的老翁了，临到大难，多亏了少妻他才得以保命。钱谦益在感激涕零中，竟不顾嫡妻陈夫人尚在，写下了"恸器临江无壮子，徒行赴难有贤妻"的诗句，白发萧萧的钱谦益握住青丝桃面的柳如是的双手，感激之情无以言表。

抗清复国：杀尽羯奴才敛手

钱谦益此次被抓的原因，可能是因暗通鲁王之事发。那时，江南的抗清斗争此起彼伏。钱氏弟子、抗清领袖瞿式耜和郑成功，一个在西南腹地，一个在东南滨海，正声势浩大，如火如荼地进行反清复明。辞官归来的钱谦益，与他们暗通声气，秘密联络，奔走于抗清复国的活动中。

柳如是劝告夫君为复明而奔走，鼓励钱谦益与尚在抵抗的郑成功、张煌言、瞿式耜、魏耕等联系。钱谦益也自觉有愧，积极联络郑成功和南明永历势力，共商抗清大业，他甚至想随郑成功入海抗清。

在随后的时间里，柳如是与钱谦益一直从事反清复明的地下活动。然而，最后功败垂成，钱谦益又写下了悲凉伤心的《后秋兴》组诗："荷锄父老双含泪，愁见横江虎旅班"。他痛感"败局真成万古悲"。"忍看末运三辰足，苦恨孤臣一死迟"。

此时的钱谦益，已是白发苍苍，年近八旬，终其晚年，奋斗不息，以执着的努力，补救了自己的过失。

虽然这些努力都以失败告终，但钱谦益降清，本应为后世所诟病，赖有柳如是的义行，从而冲淡了人们对他的反感。

嘱笔完文抵债钱　能不为公一泫然

柳如是确实无愧于贤妻之称，当钱谦益遭了官司，她变卖家产帮他打点，拖着病体将他营救出狱；钱谦益降清所留下的为万人所唾弃的背影，被她捡拾起来，擦洗干净；她捐出家产支持抗清事业，她鼓励他与反清人士联合。她为丈夫做尽一切，不为其他，只为那初识的夜晚，那些个江南温暖的夜，她伏在案前，将思念写进信里。她对钱谦益说："江南春好，柳丝牵舫，湖镜开颜。相公徜徉于此间，亦得乐趣。妾虽不足比文君、红拂之才之美，藉得追陪杖履，学朝云之侍东坡，了此一生，愿斯足矣。"

她做到了，不负于他。

而他，其实也不曾负她。他对她绝不仅仅是宠爱，而是无可替代的专宠。当世俗强大的压力逼迫而至，他依然以正妻之礼，给了她最想要的人格尊严；当流言蜚语袭来，他维护她，体谅她。这样，爱情就一路走了过来。

柳如是与钱谦益的爱，是风尘知己的爱，超越了举案齐眉、卿卿我我，他们更像歃血为盟的结义，站在风起云涌处，无须对视，便莫逆于心。

共同的理想,消除了钱谦益和柳如是之间曾经有过的矛盾,使得他们的婚后感情日益加深。他们生育的女儿便是爱的结晶,但她的详情已经无从得知,只知道她后来嫁入赵家,大家都喊她赵钱氏。

宁静的生活又过了十余年,顺治七年(1650年),绛云楼毁于他们小女儿的一枝烛火,钱家财产损失巨大。可怜藏于楼中的数万卷藏书、名瓷奇石全部在大火中摧毁,皆成灰烬。

清康熙三年(1664年)五月二十四日,八十三岁的钱谦益病殁于杭州,带着满腹的牵挂和留恋。

钱谦益尸骨未寒,家产之争旋即爆发。

族人眼红于柳如是的良田美宅,更欺负她是一介女流,就结伙聚众闹起事来。钱家的族人钱朝鼎指使钱曾等人,聚众闹事,逼迫柳如是交出房产钱财,当即夺田六百亩,僅仆十数人。六月二十八日,又向柳如是逼索钱财三千两,叫嚣:"我奉族贵命,立索柳氏银三千两,有则生,无则死,毋短毫厘,毋迟瞬息,毋代赀饰。"甚至登堂入室,摩拳擦掌,秽语恶声,扬言要把柳如是唯一的女儿及入赘的女婿打出家门。

钱曾是钱谦益晚年最为心爱的学生,也是钱氏宗族中的晚辈。弥留之际的钱谦益挂心自己还未完成的著述,希望族孙钱曾帮助他完成。然而钱谦益万万没想到,在他死后仅仅一个月,尸骨未寒,钱曾就伙同钱氏家族中的其他人向柳如是勒索金银、田产、房产、香炉、古玩等。

而钱谦益的儿子钱孙爱"文弱不振",柳如是却面不改色,叫钱孙爱摆下丰盛家宴宴请族人。柳如是又好语说道:"老爷

第七章 柳如是：充满正能量的风尘女子

是留有遗产，你们先等着，我不会让你们白来一趟。"

然而，她进入内室，众人久待而不出。

钱谦益确实曾身家巨富，但在生命后期，其实很贫穷，那年把他从监狱里捞出来，花了三十万两银子，钱谦益又曾资助反清复明大业，亦不是小数目。后又经过绛云楼失火后，钱家的财力大减，就连他重病时服药都向药铺赊账，柳如是确实手里无钱。

康熙三年（1664年），八十三岁的钱谦益因病卧床不起，他自感时日不多，而身后丧葬费用尚无着落，颇为忧虑。

此时家境已困顿不堪，连丧葬费用都无处筹措。恰好盐台顾某慕钱谦益大名，求文三篇，答应给润笔一千两白银。可是重病的钱谦益已是心有余而力不足，只好求来家中做客的黄宗羲代笔，黄宗羲不愿意做枪手，无奈之下，钱谦益吩咐下人，将黄宗羲反锁于书房之内，逼他连夜写完了三篇文章，这才解决了丧葬费用。

这些曾与钱谦益生前有善交之人，如今竟面目可憎，如此欺诈她这一个弱女子。

虽然无力抗争，但她不甘妥协，最后走上绝路。

"昔日荣盛凌春风，今日飒黄委秋日"，正是柳如是此刻的真实写照，她怀着如此这般的强烈慨叹，在钱谦益死后五十三天，用三尺白绫闭门自缢，结束了自己风风雨雨的一生，追随钱谦益于九泉之下。

当青帛结在梁间，楼下传来隐约的嘈杂声，那是钱氏族人的声音。她冷冷一笑，眼中掠过鄙夷。彼等锱铢必较之辈，怎能将她的尊严就此剥夺了去？她抚着缕帛，知道这一去，是不会再回来的了。所有一切她都舍得，唯不能与他同穴，让她的心里有了一丝凄恻。她将青帛缠得更紧了些，感受着身体逐次的寒凉，这是她能为他做的最后一件事了。

她望着窗外的燕影，想着若得生活于红尘的四季与晨昏，再有陪在身边的一个男子，两人恩恩爱爱，平凡终老。这样的人生，岂不是很好。但她得不到。那一刻，她的沙场风沙四起，而这是她的最后一战，"以死谢君心"，她无怨无悔。青帛无声地越绞越紧，柳如是的最后一口气便吐尽了。彼时，风拂过湘帘，似在召唤一代红颜的幽魂。

这么一个具有热力的女人，对于死，几番跃跃欲试，并非她不珍惜生命，相反，是她太珍惜，她要隆重地拿它做一篇大文章，由她自己，书写一个精彩利落的结尾。彼时，她没能做成国家的忠臣，现在，她终于可以做一个殉夫的节妇了，这个以放诞著称、每每离经叛道的女人，她的终极价值，仍然与主流靠拢。我总是想，柳如是到死，心都是火热的。

夜书讼词：迫死主母

死前，柳如是在留给女儿一封遗书中有言："我来汝家二十五年，从不曾受人之气（柳如是在嫁到钱家后，虽然原配尚在，但家中的财政大权却一直掌握在她手中），今日竟当面凌辱。我不得不死，但我死之后，汝事兄嫂，如事父母。我之冤仇，汝当同哥哥出头露面，拜求汝父相知。我诉阴司，汝父决不轻放一人。"

作为一代才女，柳如是一生写作了许多绝艳绚丽的诗词，让文人学士佩服和赞赏。然而她的遗嘱却完全用白话写成，可谓字字见血。在这场史称"钱氏家难"的不幸事件中，柳如是毅然地自尽了，她希望已到阴间的钱谦益能够为她做主，帮她报复仇人。即使在阴间，钱谦益仍被柳如是视为生命中最后的依靠。柳如是一生，极有骨气，极有尊严，极坚韧，极骄傲，正是缘于此，她才选择了死。

柳如是的智慧是超人一等的，她用生命为女儿解决了大麻烦，让女儿和女婿从此可以安生度日。

柳如是在自杀前，曾"夜书讼词，遣人送到府县"，告发这群不义的同族之人,她自己则一根白绫,吊死在荣木楼上,此楼壁上有字道:"并力缚饮者而后报官。"

当时正在钱家一边吃着酒宴,一边叫嚣逼迫她拿出钱财,一边久不见柳如是出来而大声唾骂指责的族里众人,见到此种情景,顿时吓呆了,"惊窜"而出,一哄而散。

后来,邑令来到,将恶人皆系于狱,绳之以法。即使有钱,以柳如是之傲骨,既不屑于与那帮恶少纠缠不休,更无法容忍他们横行霸道,当面欺凌。

岁月流转,今夕的柳夫人,已经缺少了当初和宋辕文分手时,快刀断琴弦的傲烈,也没有了和陈子龙两心相倾,却无奈分手时的悲决。

若非在生命最后一刻的利剑出鞘,让人们再次目睹了其凌厉的剑锋,柳如是最后或许只能为自己的生命画上一个无力的句点。但柳如是为了保护钱家产业,不惜牺牲生命,她吮血立下遗嘱,然后解下腰间孝带悬梁自尽,情形极为悲惨。

她以自杀的方式对所生存的时代做最后的抗争,又使人不得不对这个曾经为了平等自由和尊严一次次放弃爱情的女子表示遗憾,她一生颠沛流离,被他妥帖珍藏,最终却依旧逃不过宿命的诅咒。又或许,她在最后生死之门打开之际,看到了另一个安稳的世界。柳絮逐青云,终于是尘埃落定。

这一年,柳如是四十六岁。一代才女,玉殒香消。柳如是死后,不但未能与钱谦益合葬,反而被逐出钱家坟地,柳如是的墓在虞山脚下,那是一座孤坟,墓前石碑只一米高,上面刻有:

河东君（柳如是曾自号河东君）。百步之外，钱谦益与原配夫人合葬一墓。

一代名伶，不堪欺凌，终难逃劫数。况晚来，烟浪斜阳，总一种凄凉，十分憔悴，哪里再觅燕台佳句？忆从前，一点东风，几隔着重帘，眉儿愁苦。待约个梅魂，黄昏月淡，与伊深怜低语。

参考书：

刘燕远《柳如是诗词评注》，北京古籍出版社，2000年1月出版

[清]柳如是撰，周书田校辑《柳如是集》，辽宁教育出版社，2001年2月出版

《牧斋遗事》，佚名等编著，北京古籍出版社，1999年2月出版

刘斯奋撰《〈白门柳〉的追述及其他》，《文学评论》1994年第6期